Método integrado de ensino no futebol

Instituto Phorte Educação
Phorte Editora

Diretor-Presidente
Fabio Mazzonetto

Diretora-Executiva
Vânia M. V. Mazzonetto

Editor-Executivo
Tulio Loyelo

Método integrado de ensino no futebol

Alexandre Apolo da Silveira Menezes Lopes
Sheila Aparecida Pereira dos Santos Silva

Phorte
editora

São Paulo, 2009

Método integrado de ensino no futebol
Copyright © 2009 by Phorte Editora

Rua Treze de Maio, 596
CEP: 01327-000
Bela Vista – São Paulo – SP
Tel./fax: (11) 3141-1033
Site: www.phorte.com
E-mail: phorte@phorte.com

Nenhuma parte deste livro pode ser reproduzida ou transmitida de qualquer forma ou por quaisquer meios eletrônico, mecânico, fotocopiado, gravado ou outro, sem autorização prévia por escrito da Phorte Editora Ltda.

CIP-BRASIL. CATALOGAÇÃO-NA-FONTE
SINDICATO NACIONAL DOS EDITORES DE LIVROS, RJ

L85m

Lopes, Alexandre Apolo da Silveira Menezes
  Método integrado do ensino no futebol / Alexandre Apolo da Silveira Menezes Lopes, Sheila Aparecida Pereira dos Santos Silva. - São Paulo: Phorte, 2009.
  282p. : il.

Inclui bibliografia
ISBN 978-85-7655-245-1

  1. Futebol. 2. Futebol - Treinamento. 3. Exercícios físicos. 4. Futebol - Aspectos sociais. I. Silva, Sheila Aparecida Pereira dos Santos. II. Título.

09-4165. CDD: 796.334
CDU: 796.332

18.08.09   24.08.09   014561

Impresso no Brasil
Printed in Brazil

Agradecimentos

A Deus que nos determinou esta missão; as nossas famílias que sempre incentivaram e apoiaram como grandes alicerces de nossas carreiras.

Aos inesquecíveis amigos de infância e juventude dos grandes "rachas" de futebol, em especial aos amigos do clube de futebol de praia, S. E. Independente de Santos – SP, em que Apolo reencontrou a felicidade em jogar futebol com seus amigos, por diversão, e consta na história do clube como um dos seus artilheiros nos anos de 1996, 1997 e 1998.

A todos os nossos alunos e ex-alunos nesses mais de vinte anos de atuação profissional, eles que proporcionaram as vivências necessárias para concluir este estudo.

À professora doutora Maria Regina Ferreira Brandão e ao professor doutor Miguel de Arruda, membros da banca de defesa da dissertação de mestrado que, sempre simpáticos e preocupados, em muito colaboraram para a confecção do estudo que hoje resulta neste livro.

À Universidade São Judas Tadeu (SP) pelo crédito, pela organização e pela defesa deste estudo durante a dissertação de mestrado.

Ao grande parceiro, Oscar Roberto Godoi, que divide com Apolo o curso Futebol: Atualização de Regras e Metodologia de Ensino. Curso esse que percorre com sucesso todo o País desde 2007, disseminando partes deste estudo. Uma parceria que advém de uma longa, grande, eterna, sincera e indescritível amizade.

À Diretoria do Congresso Internacional de Atividade Física e Fisioterapia (COINAFF – Fortaleza) pelo crédito e pela disseminação deste estudo em seus eventos.

À Diretoria do Congresso Internacional Santa Mônica Fitness (Jacarépagua – RJ), pelo crédito e disseminação de partes deste estudo durante os seus congressos.

À professora Marizete e ao professor João Correia, membros da Fiep do Maranhão, que nos levam sempre até a Jornada Maranhense de Educação

Física e Fisioterapia (JOMEFF/FIEP – São Luís), pelo crédito e pela disseminação deste estudo.

Às Faculdades Metropolitanas Unidas (FMU – São Paulo), pelo crédito e pela disseminação deste estudo durante os Cursos de Extensão Universitária, a que temos com prazer sido convidados e participado ativamente.

À UNINOVE, pelo crédito e disseminação de partes deste estudo na matéria Pedagogia do Esporte no curso de pós-graduação em Educação Física Escolar em que Apolo é professor.

Aos amigos do Instituto do Esporte Wanderley Luxemburgo, em especial, aos queridos Wanderley Luxemburgo, professor doutor Luíz Roberto Peel Furtado de Oliveira e doutor Celso Peel Furtado de Oliveira, pelo crédito e disseminação deste estudo na Matéria Categorias de Base no curso de pós-Graduação em Futebol em que Apolo é professor.

Ao Instituto Phorte Educação, pelo crédito e pela disseminação conferidos a este estudo durante nossa participação no V e também no VI Encontro Internacional de Esporte e Atividade Física de São Paulo.

Ao amigo professor doutor José Alberto Aguillar Cortez da Faculdade de Educação Física da Universidade de São Paulo (USP), pelo crédito e pela disseminação deste estudo aos alunos da graduação em Educação Física quando da oportunidade em que lá palestramos.

Ao amigo e ídolo maior, Ser Humano Edson Arantes do Nascimento, a quem entregamos pessoalmente o primeiro exemplar deste livro, por tudo o que representa como "mágico", "extraterrestre", ídolo "Pelé".

Ao ilustre amigo, professor doutor (ph.D) Antonio Carlos Gomes, que apoiou e dirigiu palavras carinhosas a este nosso trabalho.

"Aos que atiraram pedras ao longo do percurso, o nosso muito obrigado. Foi com elas que construímos o nosso castelo e é justamente com elas que ele fica cada vez mais lindo e confortável" (adaptação dos autores, inspirada em citação de Fernando Pessoa).

Prefácio

A missão de redigir um prefácio é carregada de diversas distinções, dentre essas está o prazer de apresentar esta obra de um professor, cônscio de suas responsabilidades como educador, com o qual possuo uma amizade de um momento marcante na vida acadêmica, que foi a sua defesa de dissertação de mestrado, pois acompanhei o seu trabalho na qualificação e na defesa no estudo em uma área mais ampla que é a Ciência do Desporto, mas, principalmente, na linha do treinamento esportivo e, com especial atenção, ao ensino de práticas esportivas a jovens.

Ressalto a importância e a necessidade de uma publicação que abarca assuntos referentes a crianças e jovens na prática de atividades físicas com a conotação de treinamento esportivo. Com especial atenção aos indicadores biológicos pertinentes à faixa etária que compreende esses jovens, a obra é rica em informações de como ensinar crianças e jovens a praticar atividades físicas na perspectiva do treino em uma equipe.

O tema central é o futebol e, em razão da evolução desse esporte, principalmente no Brasil, e de sua forma cada vez mais dinâmica, torna-se importante a necessidade de atualizações em relação ao papel da Educação Física na formação dos jovens.

Este trabalho proporciona subsídios para que se possa analisar o praticante em relação ao seu potencial de diversos ângulos e também orienta com muitas informações sobre como prescrever atividades como papel educativo nos treinos de uma equipe.

Esta obra trabalha muito bem as diferentes dimensões que envolvem o ensino e o treinamento esportivo do jogo e dos jogadores. Discute os métodos de treinamento no futebol, a evolução da modalidade no tocante ao modelo compartimentado ou de forma integrada e chega ao jogo como solução na aprendizagem da modalidade, como modelo integrado voltado para o ensino do esporte.

A obra possibilita uma identificação clara no que se refere à intervenção pedagógica no ensino do futebol, como proposta de mudanças em situações de ensino esportivo, com uma temática de suma importância para o universo dos jovens e possibilidades no ensino em situação de treinamento.

O trabalho traz o estudo dos autores como uma literatura especializada e pertinente com informações específicas de grande valia para o campo da intervenção profissional dos que atuam com o futebol nas categorias de base, com as mais diferentes abordagens, e finaliza com a prática pedagógica no ensino dessa modalidade tão presente no meio esportivo cultural de nossa população e, ao mesmo tempo, tão carente de indicadores de qualidade no seu ensino.

Professor doutor Miguel de Arruda

Ultrapassa-te a ti mesmo a cada dia, a cada instante. Não por vaidade, mas para corresponderes à obrigação sagrada de contribuir sempre mais e sempre melhor para a construção do mundo.

Dom Hélder Câmara

Sumário

Introdução 13

Parte I
Conceituando a prática

1 Compreendendo melhor a nossa linha de pensamento 25
1.1 Concepção de Educação e desenvolvimento de seres humanos 25
1.2 O papel da Educação Física e do Esporte na formação de seres humanos 29
1.3 O papel do futebol em processos educativos 36
1.4 As dimensões envolvidas no ensino e treinamento esportivo 55
1.5 Principais discussões do século XX sobre métodos de treinamento no futebol 67
1.6 A evolução do treinamento no futebol: do modelo compartimentado ao processo integrado 76
1.7 O jogo como solução para aprendizagem do futebol: uma abordagem específica do treinamento integrado voltado para o ensino 81
1.8 O treinamento integrado na literatura brasileira sobre futebol 93

2 A intervenção pedagógica no ensino do futebol como foco de mudanças 97

3 Aula, um universo de métodos e possibilidades no ensino de jovens 101

4 Nossa pesquisa de campo   105
4.1 Pormenorização do método integrado de ensino no futebol com
base em uma investigação feita em escolinhas de futebol na Região da
Costa da Mata Atlântica brasileira   106
4.2 Conclusão   145

Parte II
Aplicando a teoria

5 Sugestão para melhor utilização dos métodos nas categorias
investigadas   151
5.1 Pré-aula   157
5.2 Atividades extraclasses   158
5.3 A importância de proporcionar uma aula rica   162

6 Sugestões de atividades   165
6.1 Atividades do método integrado de ensino   165
6.2 Atividades do método recreativo   195
6.3 Exercícios do método analítico   204
6.4 Exercícios e jogos do método cooperativo   224

7 Adaptação dos jogos e das atividades (ressignificação)   233
7.1 Atividades adaptadas ou ressignificadas para o futebol   236

8 O planejamento na prática pedagógica do futebol   251

9 Uma abordagem à luz da teoria da complexidade   259

Considerações finais   271

Referências   279

Anexo   285
Aspectos observados nas sessões de aula   285

Introdução

Fui incumbido de uma grande responsabilidade, ou seja, de explicar aqui, logo de início, a história que nos levou a escrever este livro. História essa que tem base num relato pessoal e, por isso, explica o fato incomum de eu assinar essa introdução sozinho. A explicativa advém, porém, de toda uma história difícil de lembrar sobre os crimes que cometeram comigo enquanto era criança – quando apontado que era como uma promessa para o mundo do Futebol. Crimes esses que, infelizmente, se repetiram e se repetem ao longo do tempo, mesmo que estejamos em pleno século XXI. Recebo esta tarefa, porém como um belo prêmio porque falar sobre este livro é, ao mesmo tempo, também fazer uma gostosa viagem no tempo, relembrando desde os primeiros passos como iniciante e depois como atleta nas modalidades futebol e futsal, passando pelas alegrias e decepções e ainda pelas vivências como "treinador"(ainda sem formação em Educação Física), até chegar, anos mais tarde, ao *status* de reconhecido professor de Educação Física na área de Iniciação Esportiva e pesquisador na área de Intervenções Pedagógicas na Educação Física e Esporte. Lembro ainda das vivências nos cursos de especialização e de pós-graduação e, sobretudo das valorosas experiências práticas obtidas, durante muitos anos, como professor de futebol e futsal em comunidades carentes. Chegar ao estudo de defesa de dissertação de mestrado maduro e experiente foi muito importante para o desenvolvimento de minhas pesquisas e para o produto final que resulta hoje neste belo trabalho. Foi exatamente no curso de mestrado em Educação Física que busquei e encontrei respostas para minhas principais dúvidas sobre a busca de compreender os caminhos mais adequados para a criança e o adolescente em desenvolvimento por meio da modalidade esportiva futebol. Dúvidas que eventualmente podem vir a ser também as mesmas de outros profissionais. Devo muito esse entendimento à minha então orientadora, hoje minha parceira nesta publicação – professora doutora Sheila Silva.

Fui verdadeiramente criança até os meus 10 anos de idade, convivendo todo o tempo com amigos de rua, pés descalços no chão, sujo de barro, jogando futebol nos campinhos de bairro, praças, enfim, onde fosse possível jogar. Não tinha tempo ruim, febre e nem mesmo a catapora, certa vez, me tirou dos importantes "rachas" da infância a ponto de carregar cicatrizes disso.

A minha vida no esporte como prática intencional, ou seja, policiada por um professor/treinador, iniciou em 1977, aos 10 anos de idade, no SESC de São José dos Campos – SP, com passagem nas categorias inferiores de um tradicional Clube de Futebol do Interior Paulista – São José E. C. –, onde permaneci até os 15 anos de idade quando, em virtude da separação de meus pais, mudei de cidade.

Desde o início de minha vida policiada no esporte fui compreendido como um talento diferenciado e ensinado a jogar objetivamente somente em busca de vitórias e títulos, incentivado a ser cada vez melhor sob a mira de ser eliminado se não fosse o melhor. Em 1983, entre os 15 e 16 anos de idade, precocemente fui eleito pela Comissão Municipal de Esportes de São Sebastião (SP) a revelação do Campeonato de Futebol Amador – Categoria Principal. Logo ingressei na equipe Juvenil de um grande clube de futebol Paulista. Em 1985, perto dos 18 anos de idade, quando seria normal que estivesse motivado a me profissionalizar, senti as consequências de um processo de saturação da vida de treinamentos e exigências a que fui submetido desde criança e abandonei o esporte no ápice de uma carreira que nem começou. Tenho até hoje tanto a triste recordação daqueles momentos quanto dos diversos treinadores que tive e que mais pareciam militares cobrando obediência sem justificativas, submetendo-me a esforços físicos desmedidos e afastando-me da prática esportiva, da ludicidade e da busca da satisfação, típicas na infância. Passei um ano com grandes dúvidas a respeito de qual rumo dar à vida até que decidi iniciar carreira como treinador. Naquela época, ninguém queria trabalhar em clubes, e as escolinhas ficavam à mercê de simpatizantes e ex-atletas. Apenas em 1989, ingressei na faculdade de Educação Física, quando já tinha algumas boas vivências no trabalho com crianças.

Em 1993, recém-formado em Educação Física, fazia o curso de especialização técnica em Futebol na Faculdade de Educação Física de Santo André e cumpria estágio em um grande clube de futebol onde vi alguns jogos serem colocados no treinamento de jovens. Mesmo sem entender muito do que se tratavam aqueles jogos, logo me interessei por eles. Percebia a alegria com que os jovens recebiam aqueles jogos, diferentemente de quando eram submetidos a outras formas tradicionais de treinamento. Talvez a minha formação acadêmica ainda não fosse suficiente para ter respostas satisfatórias que levassem ao entendimento daquela metodologia observada e senti a necessidade de buscar mais.

Depois de concluir a pós-graduação *lato sensu* em Metodologia e Didática em 1994 e me formar em Pedagogia em 1996, pude começar a entender melhor as diferentes metodologias de ensino existentes nas modalidades esportivas dos jogos desportivos coletivos (JDC).

Ao trabalhar no ensino das modalidades futebol e futsal, foi por meio dos livros que aprofundei minhas buscas por métodos que pudesse aplicar no ensino da modalidade, averiguando que boa parte dos métodos utilizados para o ensino de crianças no futebol e no futsal seguia modelos de ensino destinados a adultos, sem a devida adequação às características infantis e aos seus objetivos educacionais.

Em 2002, quando optei por cursar outra pós-graduação *lato sensu,* dessa vez em Treinamento de Modalidades Esportivas – Futebol, na USP, pude me aprofundar ainda mais naquilo que perseguia. O que esse curso tal qual a literatura sobre futebol e os congressos dessa modalidade tratavam como conteúdos importantes do treinamento de futebol era conhecido como "jogos em espaço reduzido" ou ainda "joguinhos" ou "jogo reduzido". Saí do curso, como todo especialista, com uma ideia completamente fragmentada de treinamento, porém, repleto de conteúdos para aplicar. Pior que isso, não conseguia ainda entender a qual método, exatamente, pertencia esses jogos e se estariam mais relacionados ao ensino ou ao treinamento da modalidade. Os principais livros que tratavam do assunto no Brasil pouco ajudavam. Todos esses jogos apareciam dispostos sem esclarecer para quais faixas etárias eram adequados e a quais objetivos atendiam.

Cheguei ao curso de pós-graduação *stricto sensu* e só assim pude compreender o todo no qual se inseriam os chamados "jogos reduzidos". Sheila rapidamente captou meus objetivos e estabeleceu uma rotina de leituras que me fez muito bem como professor e como ser humano. Para isso, inicialmente busquei entender o que seria Educação e qual modelo educacional estaria mais próximo de minha compreensão de mundo. Em seguida, busquei compreender qual seria o papel da Educação Física nesse contexto, para somente depois estabelecer dentro da minha subjetividade como deveria ser o ensino por meio da modalidade futebol. Assim, estudando mais a fundo a evolução do treinamento no futebol, entendi que os métodos de treinamento surgiram com o modelo global em que se treinava apenas jogando, evoluindo para os modelos analítico e compartimentado, até chegar às discussões sobre a importância de integrar o treinamento e a uma proposta metodológica que me pareceu mais próxima dos meus valores educativos, ou seja, um modelo mais voltado para a educação integral do jovem por meio do esporte e para o aprendizado da modalidade que para a busca de resultados e *performance*, características essas específicas do treinamento para o esporte de rendimento.

Descobri, então, na íntegra, o treinamento integrado – proposta que, apesar de ser utilizada como método de treinamento, apareceu-me, por diversas vezes, citada também como bem propícia à iniciação esportiva da modalidade. Essa evolução do método me mostrou que aquilo que até então se entendia como *jogo reduzido* se apresentava nessa proposta mais recente como uma pequena parte do treinamento integrado. Ela tinha três fases específicas de aplicação de jogos: as *formas jogadas*, os *jogos reduzidos* e os *jogos modificados*, os quais convergiam com KNVB Holland (1995), conhecida no meio futebolístico como a Cartilha Holandesa de Futebol, que era capaz de relatar as fases de utilização dessa proposta de acordo com as faixas etárias. Ao longo das leituras e das vivências como professor e treinador de futebol, entendi que, para compreendermos melhor a importância do treinamento integrado como intervenção pedagógica no ensino do futebol, era necessário entender todo o processo evolutivo do treinamento nessa modalidade, uma vez que os métodos de treinamento sempre foram utilizados como sinônimos de métodos de ensino.

Percebi que, de maneira geral, a literatura sobre treinamento integrado para jovens parecia veicular uma fórmula ou maneira ideal de treinar adultos que, ao mesmo tempo, serviria para preparar garotos para serem futuros grandes atletas. Em outras palavras, as propostas do treinamento integrado não apareciam de forma contextualizada no processo evolutivo-educativo dos seres humanos.

Tendo como base a proposta metodológica de Ferreira (2002), publicada num artigo de uma revista portuguesa, neste livro, procuramos estabelecer relações com uma linha desenvolvimentista de pensamento explícita na KNVB Holland (1995). Nessas duas propostas foram identificadas, além da citada convergência dos aspectos pedagógicos propostos, a preocupação com os aspectos do desenvolvimento humano, remetendo a uma formação gradativa e global no ensino de jovens convergente com os preceitos de desenvolvimento humano de Martin (1988). O resultado dessas aproximações com a devida fundamentação desenvolvimentista, nos permitiu propor uma nova denominação para o que, hoje, é tratado como método de treinamento. A preocupação pedagógica nos levou a denominar essa estrutura fundamentada de trabalho de método integrado de ensino aplicado ao esporte. Apesar deste estudo sustentar a necessidade dessa nova denominação, no decorrer deste trabalho serão respeitadas as denominações utilizadas por outros autores (treinamento integrado, processo integrado ou método integrado de treinamento), conforme a originalidade das fontes pesquisadas.

Desse modo, considerados esses pontos, tais constatações colocam-se à frente de algumas dúvidas que esperamos esclarecer ao final da leitura:

- Como os professores avaliam o papel dos jogos na aprendizagem do futebol?
- Será que eles conhecem a proposta metodológica do treinamento integrado?
- Quais são os métodos aplicados atualmente e como são aplicados nas escolinhas de futebol?

Como justificativa para essa investigação, levou-se em conta diversos aspectos deste estudo: Identificou-se na revisão de literatura que a própria evolução do treinamento no futebol teve origem exclusiva na busca constante da melhora das ações em situações de jogo, o que tanto pode representar a preocupação com um desempenho melhor das tarefas de ensino, como para impor um modelo adulto à criança em iniciação desportiva, em busca da melhora da *performance*.

Para que a aprendizagem do futebol seja eficiente, é necessária uma proposta metodológica convincente, respeitando, sobretudo, as diversas idades e fases de maturação dos iniciantes, sem confundir o treinamento e a preocupação estrita do alto rendimento esportivo, a exemplo do que encontramos em Ferreira (2002) e KNVB Holland (1995) sobre treinamento integrado.

Apesar de parecer a mais adequada em termos de desenvolvimento infantojuvenil e de iniciação desportiva, tal proposta não está presente de forma clara nos principais e mais recentes livros consultados por professores e técnicos da modalidade. Na literatura em geral, os jogos são propostos de forma que os conteúdos e objetivos parecem confusos, não especificando se são para a etapa de ensino ou treinamento, agravando o problema dos educadores esportivos. Sendo ainda o acesso à literatura o principal recurso utilizado por professores em busca de informação, nossas principais dúvidas constatadas são:

- Quais são os métodos de ensino utilizados pelos profissionais que atuam em escolinhas de futebol?
- Sabem identificar, nomear e descrever os métodos que utilizam?
- Conhecem e utilizam o treinamento integrado com finalidade de iniciação ou treinamento esportivo?

Não encontrando respostas satisfatórias na literatura sobre futebol, buscou-se apoio na literatura sobre Educação Física e Filosofia, bem como se resolveu desenvolver uma pesquisa de campo exatamente para encontrar respostas que possam vir a preencher essa lacuna da literatura e ajudar, futuramente, professores e técnicos a diferenciar as etapas do ensino ou da iniciação esportiva das etapas do treinamento de alto nível no futebol.

Depois de averiguar na prática, propôs-se abrir uma discussão sobre o conhecimento do treinamento integrado no ensino da modalidade e seu confronto com ideias existentes entre os profissionais da área.

A preocupação deste livro é focar a intervenção pedagógica como principal alento para mudanças futuras, procurando colaborar para que professores sejam estimulados a ampliar seu leque de conhecimentos, podendo, assim, obter mais segurança na utilização de métodos de ensino.

O treinamento integrado, apesar de ser o método mais recente de acordo com a evolução do treinamento, como já foi observado, parece ser o mais carente de divulgação por meio de literatura específica. Assim, este estudo tem a pretensão de levar professores a refletirem sobre o treinamento integrado e, principalmente, a saberem mais sobre sua concepção e a decidirem pela sua utilização ou não.

O fato de investigar o treinamento integrado pode ter a justificativa de sua importância dificultada se considerar-se que o processo de atribuir significados e valorizar os mais diferentes aspectos do mundo é algo subjetivo e cultural. Pequenos problemas para alguns podem ser os mais complexos para outros, não é mesmo?

Averiguar o fenômeno do treinamento integrado parece tarefa para quem o vivencia. Investigá-lo como intervenção pedagógica no ensino do futebol parece potencialmente interessante para professores, técnicos e treinadores de futebol, pessoas que vivem o fenômeno e, portanto, mais envolvidas em querer entendê-lo.

Espera-se, com este livro, contribuir com a sensibilização de professores para que reconheçam o treinamento integrado como um sistema de estratégias de ensino interessante para o seu trabalho e, quem sabe, serem capazes de propor métodos mais adequados ao ensino de determinada modalidade. Acredita-se, apesar deste estudo retratar o futebol, que tais informações são também adequadas às demais modalidades dos jogos desportivos coletivos, uma vez que a evolução metodológica dessas modalidades seguiram um mesmo caminho, não obstante de suas especificidades distintas. Além disso, a iniciação esportiva dessas modalidades segue uma mesma perspectiva metodológica.

Se não houver alguém com o espírito investigativo de duvidar das coisas sempre, como coloca Morin (2004), capaz de enxergar e levantar discussões dos problemas encontrados nesta forma de intervenção pedagógica, para que, então, serve a Ciência?

O que faz a Ciência ser atraente é exatamente a capacidade do ser humano de enxergar os mais variados e diversificados assuntos, capazes de tocar diretamente públicos diversificados espalhados pelo mundo. Se atingir apenas um ser humano ou muitos, não importa; a preocupação deste trabalho é propor subsídios suficientes para mostrar caminhos aos profissionais, a fim de decidirem qual caminho escolher, de acordo com sua realidade de trabalho.

Ideias só podem ser combatidas com novas ideias, e a tudo cabe investigação, uma vez que o ser humano é multifacetado e a realidade é dinâmica.

Esta viagem no tempo, aqui relatada em detalhes, demonstra uma vida de intensos e constantes estudos e aprendizados comuns à vida de um professor que sempre deve estar atualizado.

Sabe-se que esta leitura poderá colaborar significativamente para que professores possam proporcionar que jovens tenham um processo de ensino mais adequado às suas fases de maturação, não sofrendo as pressões e imposições culturais advindas do século passado e que ainda rondam e permeiam, infelizmente, a iniciação esportiva.

Professor mestre Alexandre Apolo da Silveira Menezes Lopes

Parte I
Conceituando a prática

Compreendendo melhor a nossa linha de pensamento

Abordaremos inicialmente o nosso entendimento sobre o papel da Educação, da Educação Física e do futebol na formação do homem, proporcionando ao leitor mais clareza com relação à subjetividade que permeia os pesquisadores. Pretende-se discutir a importância de compreender os significados de ensino e treinamento, sobretudo o significado mais coerente com esta linha de pensamento. Abordar-se-á as principais discussões do século passado sobre os métodos de treinamento da modalidade futebol. Será descrita a evolução do treinamento e identificadas duas propostas metodológicas do modelo integrado, uma delas mais adequada ao ensino do futebol moderno. Por fim, discutir-se-á o que a literatura brasileira sobre futebol coloca a respeito do treinamento integrado.

1.1 Concepção de Educação e desenvolvimento de seres humanos

Segundo Libâneo (1994), o conceito de Educação é amplo no que se refere ao desenvolvimento da personalidade e envolve a formação das dimensões físicas, psicológicas, intelectuais, morais e estéticas, ou seja, a formação de qualidades humanas, constituindo influências que colaboram para a formação dos traços de personalidade e caráter, levando o indivíduo a construir sua concepção de mundo, dos modos de agir, dos ideais e valores que se resumem a condições ideológicas.

O ser humano é naturalmente movido por influências, sejam estas de senso comum, científicas ou políticas. Essas influências podem ainda seguir linhas variadas de entendimento, estudo e pensamento. Pensando dessa forma, a educação de um ser pode sofrer influências de interesses distintos. O ensino mecanicista que busca o condicionamento do homem como mero reprodutor de ideias, segundo Luckesi (1993), surgiu no meio do século XXI, e persiste em existir, porém parece totalmente descartável na Educação para o século XXI. Cunha[1] (1989) e Medina (1990) afirmam que a Educação, já há muito tempo, clama por uma revolução capaz de levar a evolução nos seus mais diversos níveis, pecando à medida que segue os caminhos do senso comum e dos interesses políticos. É certo que, ao falar em Educação, a Ciência e a pesquisa devem ser as grandes mediadoras das demais influências sociais para a formação de um bom senso que objetive a formação de um indivíduo autônomo e consciente de suas potencialidades.

Vive-se numa nova era, o progresso paira no ar. Aspectos cognitivos são amplamente discutidos, à medida que novas pesquisas são realizadas e, assim, sonha-se com o momento em que a escola apenas será o passo inicial na formação de um ser humano autodidata, capaz de construir caminhos próprios e descobrir aquilo que tem adormecido dentro de si, por intermédio de um professor também autônomo, com senso crítico suficiente para atingir tal objetivo.

---

[1] A referência Cunha (1989) também pode ser encontrada como Manuel Sérgio (1989).

As pessoas atualmente não demonstram o mesmo comportamento adotado durante boa parte do século passado, relutando contra as ideias das classes dominantes em busca de uma autonomia que não lhes é oferecida, conduzindo assim suas vidas mediante um conjunto de crenças, desejos e necessidades de novos tempos que descartam e condenam uma educação condicionadora e formadora de homens acríticos. Enquanto se formarem pessoas obedientes, suas relações e respostas às necessidades do mundo serão amplamente mecânicas e incompletas, para não dizer vazias. O desenvolvimento do mundo trouxe essa necessidade urgente de modificar o pensamento educativo, para que se consiga modificar o homem, a fim de responder aos anseios do novo século.

Segundo Silva (2005), modificar comportamentos humanos ocasionando mudanças duradouras é a pretensão do trabalho educativo. Não se pretende formar alunos obedientes, mas, sim, homens capazes de governar a si mesmos, possibilitando relações autênticas entre sujeitos autônomos, entre professor e aluno. A postura educativa criticada é aquela que vê o aluno como uma ferramenta a ser utilizada e tendo dificuldade para enxergá-lo como um ser capaz, consciente e político. Infelizmente, essa forma de educar parece, ainda, bastante comum na educação de forma geral.

Pode-se afirmar que a forma como o professor propõe o ensino é capaz de determinar o tipo de ser humano que será construído e formado. A globalização e os avanços da Ciência e Tecnologia trouxeram os males da massificação e da pressa (Silva, 2005). O professor está totalmente inserido nesse universo de resultados rápidos, correndo o risco de, ao formar homens competitivos para o mercado de trabalho, deixar de compreender o indivíduo cheio de possibilidades distintas que há em cada um, apenas pensando em soluções rápidas para ambos (professor X aluno). Segundo Silva (2005), conhecer o educando mais a fundo, aquilo que traz consigo, o que pretende, como pensa, a fim de aproveitar e desenvolver suas qualidades, estudá-lo e diminuir suas dificuldades, mostrando novas possibilidades e as diversas formas do pensar, infelizmente parece ainda descartável quando confrontado com a opção de apenas formar para seguir padrões estabelecidos pela sociedade.

Pretende-se afirmar que um ensino mecanicista e pouco significativo para o aluno formará homens incapazes de enxergar o todo daquilo em que estão inseridos. Lopes (2004) mencionou que ainda é explícita a preocupação em formar o homem, para que sirva aos detentores dos meios de produção. O homem, nesse caso, é um ser acrítico, incapaz de seguir adiante por si mesmo e que, a cada mudança do mercado, necessita ser recodificado como uma máquina, por não possuir autonomia suficiente para compreender por completo a estrutura que sustenta suas ações.

Abbagnano[2] (1986 apud Silva, 2005) define o termo desenvolvimento como o movimento para o melhor. Relacionou a ideia de movimento à concepção aristotélica que apresenta o movimento como a passagem da potência ao ato, representando, portanto, o momento em que o ato supera a potência. Dessa forma, desenvolver o homem é mais que se preocupar com o desenvolvimento de suas possibilidades motrizes ou intelectuais, é agir estabelecendo elos principalmente com suas atitudes, tornando-os autônomos.

---

[2] Abbagnano, N. **Diccionario de filosofia**. México: Fondo de Cultura Económica, 1986.

1.2 O papel da Educação Física e do Esporte na formação de seres humanos

A Educação Física, assim como o Esporte, não pode mais ser concebida como uma espécie de ciência que preza somente pelo cultivo do corpo ou pela prática esportiva, sem uma reflexão mais profunda de sua necessidade e utilidade na formação humana. O papel da Educação Física e do Esporte, no entendimento de cultivo do corpo, deve ser ampliado para um entendimento voltado à formação do corpo e do espírito, uma vez que não dá para separar o homem material do homem espiritual ou o corpo da mente. Quanto ao entendimento sobre as práticas esportivas, deve proporcionar uma reflexão profunda com relação à definição da prática esportiva e para que ela serve, buscando internalizar na raça humana a sua necessidade. No que se refere ao movimento, deve buscar compreender que todo movimento tem um sentido e um objetivo, não estimulando somente o movimento pelo movimento, ou seja, o movimento sem reflexão.

Cunha (1989, p. 78) afirmou que enquanto a educação for "física" e manifestar maior preocupação com o corpo do que com os aspectos intelectuais, morais, culturais, dando ênfase à prática de repetição e não à compreensão da prática, estará privando o homem de sua plena evolução.

Infelizmente a falta de preocupação com a formação do ser humano de forma integral parece existir. A busca pelo resultado e a preocupação extrema com a *performance* parecem superar a preocupação em construir um ser com base no esporte. As crianças parecem receber olhares superficiais dos professores, mais preocupados em modelar o que elas devem fazer e não com o que elas são capazes de fazer. Talvez falte a esses professores condições de entender e explicar o porquê das ações propostas. Talvez falte enxergar nossas crianças e adolescentes como aprendizes, humanos que são, e não como máquinas capazes de potencializar sonhos de adultos. Quando Betti (1999, p. 87) mencionou "tratar o aluno como 'TU' e não como 'ISSO'", quis mostrar essa eminente necessidade de se preocupar mais com o ser em questão do aprendizado.

Pode-se ver o caos instaurado na área dos esportes à medida que se identifica um lapso na própria literatura da Educação Física e do Esporte, que coloca os exercícios sem levar em consideração a quem serão aplicados. Essa observação se aplica, sobretudo, ao fato de dificilmente serem perceptíveis os objetivos às atividades propostas, nem a adequação às diferentes idades. Os livros a serem citados no decorrer do texto, por sua vez, representam a leitura corrente por parte dos professores e que apenas expressam preocupação com o aplicar sem pensar ou discutir, colaborando para que o professor seja apenas um reprodutor de conteúdos.

Sem sombra de dúvida, é muito mais fácil reproduzir modelos preestabelecidos, como se estes fossem capazes de atingir de forma igual a todos os alunos, do que criar e planejar aulas levando em consideração, sobretudo, a realidade de cada aluno, turma, escola, bairro, cidade, região e Estado, com suas eminentes diferenças e necessidades. Sentir o aluno e sua realidade nem sempre é levado em consideração, exatamente quando se fala de relações humanas: o ser humano é movido pelo sentimento.

A Educação Física e o Esporte ainda estão longe de estabelecer elos entre o desenvolvimento das possibilidades e as práticas de nossos alunos, porque os educandos são ou encontram-se alienados, não percebendo o significado das práticas, realizando-as sem pensar. A preocupação principal parece estar no produto final, esquecendo-se de que há um longo caminho a percorrer, uma metodologia muitas vezes esquecida, sem refletir se o produto formado é de qualidade.

Na Educação Física e no Esporte, pressupõe-se a promoção do desenvolvimento dos jovens visando a preocupação do educador atrelada às suas diversas fases de maturação, exigindo, portanto, um ensino com profundo entendimento do que ensinar e quando ensinar, oferecendo experiências de movimento adequadas ao seu nível de crescimento e desenvolvimento. O modelo desenvolvimentista é adequado a essa forma de compreender o processo de estímulo ao desenvolvimento motor:

> Os educadores que se baseiam no modo desenvolvimentista em seu ensino incorporam experiências de aprendizado que são apropriadas não somente às ideias cronológicas, mas também, de maneira importante, para os níveis de desenvolvimento dos indivíduos que estão sendo ensinados. Os educadores desenvolvimentistas reconhecem que, embora o ensino seja um aspecto importante do processo de ensino e aprendizagem, não explica o aprendizado, porém, o desenvolvimento o faz. (Gallahue e Ozmun, 2001, p. 3)

Gallahue e Ozmun (2001) colocaram essa visão do desenvolvimento motor como uma contínua alteração no comportamento ao longo do ciclo da vida, ocorrendo pela interação da necessidade da tarefa, a biologia do indivíduo e as condições do ambiente. A respeito dessa colocação, nota-se que o clima tropical brasileiro, tanto quanto as condições das instalações e materiais, mesmo que um tanto escassos, permitem ótimas condições para que seja desenvolvido um trabalho adequado ao desenvolvimento dos jovens por meio do esporte em nosso país. Porém, há um problema centrado nas ações dos professores, causado exatamente pelo desconhecimento sobre desenvolvimento humano e pela falta de conhecimento pleno dos métodos utilizados, baseados muitas vezes no senso comum ou na tradição.

1.2.1 Preceitos de desenvolvimento humano para um processo de iniciação esportiva adequado à criança

O método que se pretende identificar e verificar mais adiante deverá respeitar preceitos de desenvolvimento humano convergentes com a Literatura da Educação Física e com o ensino propício a muitos anos de aprendizagem, sem preocupação com *performances* e resultados, ou seja, sem a preocupação restrita com a formação de um atleta/jogador antes dos 17 anos. Um método que seja capaz de compreender que a criança, evidentemente, em sua lenta descoberta dos movimentos, tem dificuldades inerentes a cada idade.

A criança, ao visualizar uma simples situação de uma bola vindo em sua direção em um jogo de futebol, tem diferentes reações de acordo com seu desenvolvimento. Segundo o sistema de controle humano citado por Ekblom (1994), representado pela Figura 1.1, nas ações do futebol, mais especificamente nas experiências de aprendizagem, as ações de *feedback* interno e externo são primordiais. Os sistemas visuais e auditivos têm papel fundamental. Ao visualizar a bola e sentir o ambiente (aproximações adversárias, de colegas de equipe, percepção de sua posição em campo em relação aos outros e à bola), a criança tem aguçados todos os sensores cinestésicos. Logo, impulsos nervosos são emitidos e seguem por via aferente ao Sistema Nervoso Central (SNC) no qual se processará a informação e se buscará um movimento que se associe à exigência para uma ação plausível. O SNC funciona como uma espécie de grande arquivo e irá selecionar, entre os movimentos semelhantes ao solicitado, o mais aproximado à exigência. Na falta daquele movimento ou de um movimento mais semelhante, o SNC mandará por uma via eferente aos músculos um estímulo para execução de um movimento rudimentar, ou seja, um movimento, *grosso modo,* fora do padrão, um movimento novo que necessitará de ajuste àquela situação. O aparelho de Golgi, neste caso, tem a função de controlar a tensão nos tendões, para que não haja sobrecarga nos músculos, inibindo possíveis lesões durante o movimento.

Na iniciação esportiva da modalidade, as orientações dadas pelo professor são importantes, pois, por meio do ajuste do movimento, será gravada no SNC a nova informação para ser utilizada quando exigida. A aprendizagem de uma modalidade por uma criança é um processo lento e repleto de associações que exigem tempo.

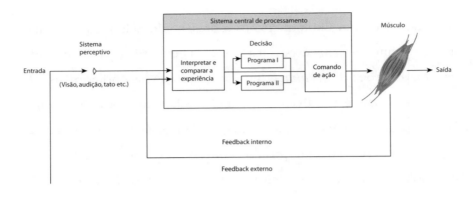

FIGURA 1.1 – Modelo de sistema de controle humano de Ekblom (1994).

Para trabalhar com crianças no futebol, é necessário um professor capaz de entender como a criança desenvolve seu aprendizado, capaz de proporcionar metodologias de ensino que favoreçam vivências por intermédio de soluções de problemas, aproximados àqueles encontrados na realidade do jogo. Além disso, deve ser capaz de trabalhar bem próximo às respostas motoras específicas das variadas faixas etárias.

Esse professor precisa ter em mente a necessidade de proporcionar a evolução do mecanismo decisório de seus alunos para que isso se reflita em ações mais rápidas e mais bem pensadas. Assim, o ensino da modalidade por intermédio do jogo é, para o professor, um bom recurso a ser explorado, capaz de proporcionar a aquisição de um variado repertório motor por meio de vivências diversas.

Faz-se questão de ressaltar que a aplicação de tal metodologia exigiria a participação de um professor também capaz de identificá-la, conhecê-la plenamente, tanto quanto capaz de respeitar os preceitos do desenvolvimento expostos por Martin (1988), adequados à iniciação esportiva no futebol.

Martin (1988) oferece um modelo dividido em três fases de formação no esporte:

- O primeiro nível corresponde à *Formação Básica Geral* que visa, acima de tudo, estimular o desenvolvimento de um amplo repertório motor, com todas as vivências motoras de forma simples e combinada, dando ênfase ao desenvolvimento das capacidades coordenativas, variando materiais esportivos. A Formação Básica Geral corresponde ao período entre os 6 e 9 anos de idade.

- O segundo nível compreende o *Treinamento Básico* que tem como objetivos gerais melhorar o estado de desempenho esportivo de modo geral e variado, desenvolver as capacidades básicas da modalidade específica e aprender as técnicas básicas de movimento, conhecer e experimentar cada método de treinamento da modalidade e despertar a motivação para o desempenho esportivo no treinamento e na competição. Esse nível compreende a faixa etária entre 10 e 13 anos.

- O terceiro nível compreende a *Formação Específica* em que há a especialização na modalidade até atingir o alto nível. Subdivide-se em dois níveis: *Síntese de Adiantados* e *Treinamento de Transição*.

  - A *Síntese de Adiantados* tem por objetivos melhorar o desempenho esportivo específico da modalidade, dominar as técnicas mais importantes do esporte, conhecer os métodos de treinamento específicos, estabilizar a motivação de desempenho para o esporte específico e a participação bem-sucedida dos alunos em competições significativas. Já o *Treinamento de Transição* tem por objetivos o aumento dos aspectos de desempenho esportivo passíveis de condicionamento, domínio do repertório das técnicas da modalidade esportiva, tolerância às cargas de treinamento exigidas nos diferentes ciclos de treinamento, perspectiva de alcançar altos desempenhos esportivos no treinamento de alto nível. Esse nível compreende a faixa etária entre os 14 e 17 anos.

- O quarto nível é o *Treinamento de Alto Nível*, tendo por objetivos gerais o alcance do alto desempenho individual, o aumento otimizado do volume e da intensidade de treinamentos, a perfeição, a estabilização e a disponibilidade máxima da técnica esportiva, a melhoria e a manutenção da mais alta capacidade de desempenho pelo maior período de tempo possível.

1.3 O papel do futebol em processos educativos

Medina (2003) afirmou que é preciso saber quais os sonhos que conduzirão a humanidade neste terceiro milênio, tentando descobrir que tipo de homens existem e que tipo de homens se quer formar. Dessa forma, é necessário descobrir que tipo de iniciação esportiva do futebol poderá se adequar à formação do homem se que deseja para este novo tempo no amplo contexto do esporte. Esse autor condenou aquilo que chamou de "especialização precoce", que, segundo ele, condiciona os meninos já a partir dos 5 ou 6 anos de idade. Afirma ser preciso gerar compreensão daquilo que se ensina, pois só assim poder-se-á entender o significado real das transformações sociais.

Baseado nessas afirmações, o passo inicial é quebrar os paradigmas do tecnicismo. O futebol, como qualquer outra modalidade dos Jogos Desportivos Coletivos, pode ter papel determinante na formação global do ser humano neste século, uma vez que essa modalidade é um fenômeno capaz de aproximar pessoas e promover transformações sociais. Para que isso aconteça, porém, precisa-se levar em consideração alguns fatores determinantes deste fenômeno:

- O futebol é uma modalidade esportiva que está culturalmente ligada ao povo brasileiro e que, por isso, torna-se um instrumento adequado a ser explorado para proporcionar essa formação.
- A maioria das crianças brasileiras tem, nos bairros, nas ruas e nos campinhos, diversas e importantes vivências de uma prática informal antes de buscar o ensino nas escolinhas de futebol.
- Uma vez nas escolinhas da modalidade, quando deveriam ter acompanhamento pedagógico adequado, tal especialização precoce priva a criança do bom desenvolvimento dos padrões fundamentais do movimento, da coordenação motora e do processo de criatividade em troca da automatização de alguns poucos movimentos.

Nesse caso, deixa-se de se proporcionar às crianças vivências variadas e próximas da realidade do jogo, em troca de algumas poucas e limitadas vivências de um universo quase infinito. Dessa forma, nota-se a importância do profissional especializado que atua nas escolinhas de futebol, tendo grande papel a desempenhar na formação do homem do século XXI. Assim, a realidade da iniciação esportiva brasileira está atrelada aos mesmos problemas citados anteriormente, quando se referiu à Educação e à Educação Física. O futebol necessita da utilização de variados métodos de ensino baseados em preceitos de desenvolvimento humano para que proporcione uma iniciação esportiva adequada à criança. Visa-se formar o homem antes de formar o atleta e, por isso, é necessário proporcionar o ensino da modalidade, sobretudo para a compreensão e autonomia do praticante e não somente para reproduzir movimentos e técnicas capazes de levar apenas a resultados e *performances*. Busca-se mais que vitórias no campo esportivo: busca-se formar um conhecimento amplo por meio do futebol.

Neste contexto, é preciso observar, analisar e compreender melhor cada aluno, tanto em suas vivências esportivas como na vida cotidiana, para que o professor não só conheça potencialmente os alunos numa esfera esportiva, mas também possa reconhecer as suas necessidades e quais caminhos ele deve tomar no processo de ensino-aprendizagem para proporcionar o pleno desenvolvimento de seus alunos.

1.3.1 O futebol como fenômeno social brasileiro

O futebol é um fenômeno social no Brasil, mesmo que o mercado imobiliário tenha extinguido boa parte dos campos de futebol de várzea durante a última década do século passado. Essa modalidade continua e continuará sendo praticada das mais diversas formas, bem como o País continuará revelando talentos em quantidade para o mundo inteiro. Souto

(2000) mencionou a busca realizada por milhares de jovens brasileiros desde muito cedo pelo sonho de ser jogador de futebol e poder sobreviver da modalidade. Esse amor à modalidade internalizada na juventude brasileira parece ter sua origem cultural advinda desde as portas dos quartos de berçários, quando não raramente pais pretendem decidir os times que os recém-nascidos torcerão; ou quando, de forma mais ousada, alegam que "nasceu mais um jogador de futebol". Num estágio posterior, o futebol constitui uma preferência nacional nos jogos de infância. A busca citada por Souto (2000), porém, acontece num estágio mais maduro da vida, durante a adolescência, quando o sentimento de amor à modalidade, a ponto de optar por ela verdadeiramente como profissão, parece ocorrer de maneira mais efetiva. As próprias vivências do jovem com o futebol ao longo da infância e adolescência mostram-lhe o quão poderá ou não ser bem-sucedido na modalidade, a ponto de insistir a permanecer nela ou não, podendo elegê-la como profissão viável. À primeira vista, como insinua o autor, parece ser tudo o que leva um jovem desde muito cedo à procura do esporte quando inicia na modalidade. Entendemos que num estágio inicial, no bairro, na rua, nos campinhos improvisados ou não, muitos desses jovens chegam à modalidade, ora já incentivados pelo rito cultural familiar, ora pelo sentido integrador e de alegria que esse jogo proporciona, praticado com os amigos. Essa modalidade é capaz de reunir crianças ricas e pobres numa mesma partida, numa mesma equipe, sem discriminações e sem conseguir identificar quem é quem em meio a vários garotos "pés no chão", em busca de diversão e movimento.

FIGURA 1.2 – Meninos jogando bola na rua.

Hoffman & Harris (2002) mencionaram os fatores que levam um ser humano à prática esportiva. Segundo eles, muitos têm, intrinsecamente, o gosto por determinada prática ou modalidade, outros são levados a ela por fatores extrínsecos, ou seja, nesse caso, pelo amigo que pratica e convida; pelo jogo de camisa bonito ou até pelas bolas novas, capazes de atrair seu interesse. Nesse aspecto, o professor também pode e deve ser mais um desses fatores extrínsecos, capazes de levar uma criança a gostar e internalizar a modalidade.

1.3.2 A prática por influências não intencionais e sua importância no processo educativo

As práticas do futebol na rua, nos campinhos de bairro e quadras desportivas sem a presença efetiva de um professor, podem-se denominar práticas de influências não intencionais. Libâneo (1994) entende como práticas de influências não intencionais aquelas em que não existe a presença de um professor, nas quais as crianças sofrem as influências do senso comum esportivo. Lopes (2004) ressaltou a importância dessas vivências para a criança no esporte, uma vez que nas vivências com os mais fortes se aprende a sentir melhor o adversário e, consequentemente, a criar estratégias e defesas próprias. Nesse caso, entende-se que jogar e aprender a jogar de forma livre tem a sua grande importância, dada especialmente à liberdade para aquisição de experiências diversas e adversas a uma prática policiada por um professor, a qual Lopes (2004) chamou de prática por influência intencional.

Numa prática não intencional do futebol, a criança é livre e capaz de associar não somente aspectos importantes da modalidade, mas, sobretudo, aprender como se relacionar com o mundo por meio desse contexto. Existe nessa prática tempo suficiente para aflorar todo um conhecimento inerente a um ser humano, sem compromissos maiores do que com a diversão, com a socialização e a descoberta do mundo.

No futebol, a criança está bem próxima não só de aprender as necessidades do jogo, mas da realidade da vida. Essas informações podem ser necessárias e úteis a qualquer momento e não somente no esporte, pois uma educação não intencional por intermédio do futebol, em seu sentido amplo, comporta os ensinamentos propiciados pelo jogo em si e, sobretudo, por situações diversas e adversas que acontecem no jogo. É preciso saber lidar com tais adversidades, seja quando um colega se machuca e deve-se prestar socorro, seja quando a bola cai no quintal do vizinho e é preciso negociar a sua devolução, seja quando a bola é jogada para o outro lado da rua e é preciso prestar atenção no trânsito e na velocidade dos carros para atravessar a rua, buscando a bola com segurança, seja quando é necessário dividir o grupo em dois ou mais times, em razão do grande número de pessoas, estabelecendo regras para que todos joguem, seja quando o campo é longe e tem de aprender a chegar até ele e depois a voltar para casa.

Assim, há inúmeras outras situações em que, de alguma forma, aprende-se integrando vivências diversas ao esporte. Ter a educação propiciada por meio dele, formando um todo, é um processo natural. Assim, o fato de não existirem regras num jogo de rua ou deixá-las a cargo dos mais fortes, também pode propiciar conhecimento.

Lopes (2004) cita a importância da prática por influência não intencional no momento em que a regra deixa de existir ou é negociável entre as crianças. As influências mais fortes podem impor sobre as mais fracas podem ser um caminho para gerar conhecimento. Aprender a conviver, tendo de resolver conflitos diversos, assim como um jogo sem regras, pode promover riscos maiores de se machucar, e a criança ter de criar mecanismos próprios de defesa para a prevenção de tais lesões. É possível aprender muito sem as regras oficiais do esporte. As regras, logicamente, existem e sempre existirão: elas quase sempre representam um limite entre homem e qualquer risco ou perigo, mas deve-se contar sempre com o inesperado nas mais diversas situações, quebrando, por vezes, as regras e exigindo novas ações rápidas e equilibradas.

1.3.3 O futebol e o inesperado, uma lição de vida

Não se pode negar a existência da educação por meio do futebol num aspecto global: as regras de jogo são aprendidas favorecendo outras regras determinadas pela sociedade. Basta um imprevisto na regra, no posicionamento em campo, no padrão de jogo ou no horário a ser respeitado, para que os alunos sejam invadidos por uma sensação de não saber o que fazer.

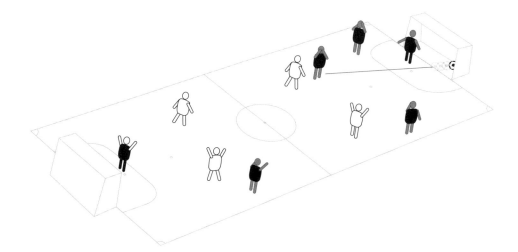

FIGURA 1.3 – Na situação inesperada de um gol contra, por exemplo, fica claro que por mais que se treine o zagueiro na perspectiva de centenas de possibilidades, no jogo, a todo o momento ele estará sujeito a vivenciar milhares de novas e rápidas situações, vulneráveis a novas tomadas de decisões capazes de induzir ao erro.

A busca por regras para tudo e para todos parece natural ao ser humano, como se existisse em tudo uma lógica e um caminho ideal a ser seguido. Muitas vezes, esquece-se de que a vida é composta de imprevistos e surpresa, e nem sempre o homem está preparado para lidar com eles. O mundo é ilógico, por mais que se tente deixá-lo lógico, estar-se-á propenso a surpresas ou imprevistos, ao que Morin (2004) chamou de *inesperado*.

Assim, a prática não intencional do futebol tem valor inestimável e colabora muito para a formação global do ser humano quando é capaz de propiciar determinados riscos e vivências variadas, muitas vezes não realizadas numa escolinha de futebol.

Na educação intencional, quase sempre se educa um ser humano para aquilo que é esperado e previsível, o que parece pouco num mundo em que o inesperado é comum acontecer, em que nada é igual ou nada acontece novamente, exatamente da mesma forma, ou ainda nunca acontece como podemos prever. No futebol, o inesperado é uma constante, o que torna essa modalidade um bom exemplo do quanto é importante à preparação do homem para o inesperado.

Lopes (2005) afirma que no futebol, apesar de se treinarem diversas situações de jogo, durante uma partida, podem acontecer milhares de situações jamais vivenciadas, o que torna esse jogo imprevisível. Assim, a expectativa de uma metodologia de ensino no futebol torna-se eficaz, quando privilegia e conta com o inesperado, promovendo ações de ensino próximas às diversificadas situações que se podem encontrar na realidade de jogo.

1.3.4 Vivências, sempre vivências

Entende-se, então, que vivências são sempre importantes. Por mais que na vida e no futebol tente-se escolher e vivenciar situações prováveis a acontecer, sempre se está sujeito a vivenciar o inesperado.

Nossos antepassados têm por costume dizer que não existe mais a liberdade que existia no passado e que não se fazem mais craques no futebol como antigamente. Alegam que hoje ensinam futebol em escolinhas e que em tempos remotos isso não existia: as crianças aprendiam a modalidade sozinhas, muitas vezes jogando com bolas de meia na ausência de uma bola melhor. Insinuam que eram tempos de grandes craques, que essa época não volta mais, tentando induzir a acreditar que suas vivências foram melhores que as experiências que os jovens de hoje têm.

Entende-se que muitas crianças realmente não têm a mesma liberdade que nossos antepassados desfrutavam tempos atrás. Milhares de jovens vivem enclausurados em apartamentos por causa da extrema preocupação com a violência ou ainda pela tumultuada vida dos pais em prol da sobrevivência da família. Em contrapartida, existem inúmeras escolinhas de futebol privadas e públicas, realidade diferente de tempos atrás, assim como ainda hoje muitas crianças jogam e aprendem futebol nas ruas e nos campinhos de bairros, mesmo que isso aconteça em menor escala.

Percebe-se também que a escola atual proporciona oportunidades da prática do futebol por influência não intencional durante os intervalos escolares, quando as próprias crianças se organizam para jogar. Nesses jogos, na falta de uma bola, joga-se improvisando com tampinhas de refrigerante ou bolas de papel. Isso demonstra que uma realidade anula a outra e nos leva a discordar de nossos antepassados quando relatam uma saudosa realidade que apenas parece ter sido remodelada pela evolução do tempo. Continua-se aprendendo futebol sem as ações efetivas das escolinhas e seus professores. Ditos populares como este sempre existiram e existirão da mesma forma que dizer que a criança de antigamente era mais saudável que a de hoje.

O futebol, praticado em situações diversas, nunca deixou de existir: na rua com os golzinhos marcados com chinelos, no campinho adaptado no terreno baldio ou adaptado nas praças públicas, ainda que com "gols caixote". Também nunca deixou de existir o futebol praticado descalço nos mais variados pisos, como a areia fofa, o asfalto, o cimento ríspido, o cimento liso, o barro seco e a grama. Assim como sempre se usaram outras bolas que não as oficiais de jogo: bolas de meia, tênis, plástico, capão (também conhecida como capotão), ou mais leves ou mais pesadas, ou ainda as que pulam mais e as que pulam menos. Vivências essas que acontecem enquanto os pais trabalham e os filhos estão longe dos seus olhares que são quase sempre voltados para o futuro, como se pelo fato de os pais não serem crianças, nada daquilo acontecesse mais. A afirmação de Boff (1994, p. 9) deixa clara a existência dessa realidade que nunca deixou de acontecer: "futebol se joga em todas as partes, nas praias, nas praças, nas ruas que são fechadas aos domingos à tarde, nos estádios, nos clubes fechados e nos salões".

Essa cultura do "futebol-moleque", praticado nas ruas, nas praças e nos terrenos de bairros, nas escolas, nos clubes e nas associações, permite ao jovem maior liberdade para interpretar as diversas percepções dele próprio e do mundo à sua volta, o que o esporte é capaz de trabalhar muito bem ao longo dos anos entre a infância e a adolescência.

1.3.5 A escolinha de futebol e sua contribuição no processo de formação global do ser humano.

A verdade é que o futebol para as crianças está aí, a qualquer hora do dia, praticado em todos os cantos do País. Apenas a remodelação dos tempos trouxe as escolinhas de futebol privadas e públicas, proporcionando avanços nos estudos sobre iniciação esportiva da modalidade.

Essas escolinhas assumiram um papel formador, tanto do homem para o movimento quanto para o mundo e a vida, e, por isso, não deveriam se limitar apenas a tratar dos assuntos relativos à iniciação esportiva, mas também a outros inúmeros temas e assuntos paralelos à formação de um ser humano. É dever dos educadores, inicialmente, estar bem informados a respeito dos modelos adequados ao ensino da modalidade e também observar e compreender o máximo possível todo esse fenômeno, uma vez que, na prática não intencional, existem elementos importantes na formação global de um ser humano que podem vir ou não com o aluno para a escolinha.

É papel do educador refletir também sobre que tipo de ser humano se pretende formar e, valendo disso, atentar para que tipo de ser humano recebe em sua escola, sendo capaz de reconhecer suas virtudes e seus defeitos decorrentes de suas vivências boas e más, tanto quanto identificar o que lhe faltou de vivências para se tornar mais completo para a vida e para o esporte. Para isso, o professor precisa dominar muito mais que o pleno conhecimento declarativo sobre métodos de ensino da modalidade ou o conhecimento declarativo sobre desenvolvimento humano, tendo a sensibilidade ímpar de perceber o ser humano que tem em mãos, para usufruir não somente das técnicas e materiais a ele dispostos, mas, sobretudo, saber utilizar recursos como o bom relacionamento e os bons exemplos de caráter, para despertar nesses alunos a importância que têm e também a importância de suas ações tanto no esporte como no contexto do mundo.

Ao falarmos sobre uma formação com base no futebol e não somente pelo futebol, atentamos para o fato de o professor utilizar bolas de diversos materiais, tamanhos e pesos, e utilizar espaços de jogos variados, incentivar jogos que proporcionem vivências variadas, ou utilizando horários e atividades extraclasses, capazes de trazer conhecimentos diversos e até adversos ao esporte, proporcionando o surgimento de uma nova cultura e a descoberta de novos saberes.

Observando as necessidades do ser humano, deve-se sempre potencializar elementos contidos e adormecidos nele para proporcionar um ensino de maior qualidade, capaz de formar um homem para a vida e não somente um jogador para um jogo específico.

Supondo agora uma linha em que o futebol, em seu aspecto global, por meio da iniciação esportiva, deve ter preocupação com a formação do ser humano num todo, além de proporcionar a boa aquisição dos padrões fundamentais do movimento à criança. Lopes (2004) citou sua experiência positiva e premiada na utilização de murais educativos em escolinha de futebol e enfatizou a importância da quebra de paradigma de que escola de futebol é um lugar para apenas se aprender futebol.

Quanto, especificamente, ao processo de aquisição dos padrões fundamentais do movimento, sua necessidade aparece explicitada na literatura da Educação Física e do esporte. Favorecê-lo é fato obrigatório, assim como é dever de qualquer professor ter o pleno conhecimento dos assuntos que se referem ao desenvolvimento da criança em todas as suas fases de maturação, para que possa ser capaz de atingir gradualmente um padrão maduro das habilidades básicas. Sem esses conhecimentos, torna-se difícil atingir um bom nível de habilidades específicas em estágios posteriores. Nesse caso, não se pode negar ou esquecer que o futebol está atrelado à Educação Física e necessita de seus estudos para proporcionar ensino de qualidade.

Tani, Manoel, Kokubun e Proença (1988) afirmaram que ocorre, após os 5 ou 6 anos de idade, um refinamento e uma combinação dos padrões de movimento. É aconselhável o pleno conhecimento dos estudos inerentes ao desenvolvimento da criança no esporte para que, já a partir dessa idade, o professor tenha condições de estimular o raciocínio, bem como explorar ao máximo os exercícios globais capazes de trabalhar padrões axiais do corpo todo com e sem bola.

Em situação pedagógica, a criatividade do professor passa a ser de suma importância, fazendo acreditar que só é capaz de criar aquele que domina o conhecimento. Assim, parece essencial, nessa fase inicial na modalidade (5 e 6 anos de idade), aplicar aquilo que lhes é recomendado pela literatura do futebol, como técnicas para a formação na modalidade, ou seja, a aplicação dos exercícios analíticos e dos jogos de remates de precisão e lançamento, a utilização dos jogos de estafetas e, sobretudo, as experiências de andar, rolar, saltar, correr das mais diversas formas, rebater, arremessar, receber, chutar e quicar, utilizando-as de formas variadas.

Tani, Manoel, Kokubun e Proença (1988) acreditam ser todas essas vivências necessárias para um trabalho que objetive a plena formação do homem.

Também a utilização de estratégias de jogos que objetivem o comportamento da cooperação a partir dessa faixa etária, ainda que com dificuldades em razão do caráter infantil autocentrado, torna-se importante como forma de estimular a criança a perceber e interagir melhor com o outro, uma vez que uma modalidade coletiva como o futebol é capaz de permitir muito bem aquilo que se chama de inclusão. Exemplificando esse fato, quando um professor, além de estimular exercícios que permitam conhecer o outro e suas possibilidades, trabalha também no sentido de abordar e estimular temas relacionados como o *fair-play*, ou ainda, incentiva ações de respeito ao próximo, propõe o desenvolvimento de uma consciência de participação cidadã no desenvolvimento de ações comunitárias, capazes de situar as crianças de sua importância como seres ativos no contexto onde vivem.

A iniciação esportiva no futebol colabora com a formação global do aluno, em especial quando o profissional é capaz de ir além de sua preocupação com as ações de jogo e consegue mostrar a importância a seus alunos de estarem ali aprendendo muito mais que futebol e de que não só de futebol é feito o mundo ou suas vidas, transformando-os em seres humanos mais completos e valorizando devidamente cada passo de qualquer transformação. Aqui se enquadra a sensibilidade que o profissional deve ter para reparar e lidar com fatos que fazem parte da realidade do mundo, da vida dos alunos e, consequentemente, do contexto esportivo, como, por exemplo, promover a transformação das diferenças sociais, seja promovendo a facilitação de relacionamentos sociais, seja promovendo a transformação dos preconceitos, estimulando a valorização das raças e valorizando a participação dos deficientes. Promover a diminuição da violência, estimulando a socialização e utilizando os bons exemplos dessa modalidade que, certa vez, foi capaz de parar uma guerra para que todos pudessem assistir a um jogo.

O jogo, em sua íntegra, é importante, mas a especificidade de gestos técnicos durante a primeira infância possui importância relativa, ideia que converge com Medina (2003) quando diz que deve ser combatida a especificidade do movimento na Educação Física e na iniciação desportiva.

Numa prática não intencional, uma criança é capaz de adquirir naturalmente os padrões fundamentais do movimento citado, por intermédio de vivências naturais quando corre, salta, rola, rebate, recebe, arremessa, "quica" uma bola ou chuta em variadas situações. Assim, logo se pode compreender que há no jogo um conjunto de informações importantes para as crianças e que, cientes das capacidades e das necessidades delas, os professores devem observar e explorar com criatividade aquilo que lhe é próprio: proporcionar vivências que estimulem o desenvolvimento infantil e que dificilmente ocorreriam sem a ajuda de um profissional.

Há uma infinidade de habilidades motoras que se desenvolvem no decorrer de um jogo: a criança anda e corre nas mais variadas intensidades; realiza constantes mudanças de direção; salta à altura para sobrepujar um adversário no chão; salta a distância para tentar chegar primeiro a uma bola; o quanto ela pula para cima, para frente, para trás ou para os lados, seja para cabecear ou defender uma bola; corre para trás acompanhando uma bola alçada à sua área de jogo; empurra ou usa o corpo numa disputa de bola; é obrigada a cair e levantar rapidamente (recuperação), seja durante a disputa de uma jogada, seja numa defesa, no caso de um goleiro.

Só por esses exemplos naturais de um jogo já se tem uma demonstração do quanto o jogo de futebol é capaz de estimular e favorecer a aquisição dos padrões fundamentais do movimento, levando em consideração que, a cada faixa etária, o entendimento e a reação da situação descrita são condicionados a uma série de características e estágios de desenvolvimento que determinam suas possibilidades de execução. É evidente que exigir por demais de uma criança nas tarefas de um jogo pode ser um tanto complexo para ela, uma vez que não bastasse esta se preocupar com aquilo que é capaz de fazer, ainda existe o fato de sua atenção ter que acompanhar as movimentações dos companheiros de equipe, dos adversários e da bola no jogo. Em relação à reação à movimentação da bola no jogo, Barbanti (1988) a classifica como reação complexa, ou seja, reação a um objeto em movimento. Segundo esse autor, essa situação de observar a bola, companheiros e adversários obriga a criança a calcular a direção e a velocidade, para que possa escolher a ação mais propícia à situação.

Dessa forma, pode-se compreender, no caso de uma prática intencional, o quanto os professores podem colaborar com o desenvolvimento global da criança por intermédio da iniciação esportiva do futebol.

É possível compreender também quantas ações importantes deixam de ser observadas e desenvolvidas na criança por não se pensar em uma formação global e sujeita a certos paradigmas existentes no ensino da modalidade. Por exemplo, é comum uma criança jogar descalça na rua, mas pouco se trabalha com a criança descalça nas escolinhas. Pode-se observar o quanto parece desconfortável ter pés descalços chutando uma bola quando a prática é de influência intencional, mas não seria um melhor estímulo para desenvolver melhor a motricidade nos pés, propiciando contato dos diversos tipos e formas de bolas com os pés e dedos?

Também é pouco comum utilizar trabalhos com as mãos, como se estivesse em desenvolvimento apenas um ser humano da cintura para baixo e a escolinha de futebol servisse somente para formar o jogador de futebol.

Relembrando Lopes (2004), quando se refere ao trabalho de utilização de murais educativos na escolinha de futebol, é mais raro ainda o desenvolvimento de atividades que estimulem o pintar, recortar, desenhar ou escrever sobre a modalidade, como se o sentir se expressasse somente de forma corporal ou pela inteligência cinestésica e fossem todos os seres humanos iguais e sujeitos à mesma perspectiva ou percepção no campo esportivo.

Parece pouco compreendido que cada ser humano tem diversos canais pelos quais seu entendimento a respeito do mundo ocorre (Gardner, 1994), que poderiam ser mais explorados. O conhecer sobre futebol não deve limitar-se simplesmente ao jogar, mas também ao falar, ao escrever, ao expressar, ao assistir e ao discutir.

Para Gallahue e Ozmun (2001), a qualidade do desempenho motor depende da precisão das percepções de um indivíduo e de sua habilidade para interpretá-las numa série de atos motores coordenados. Entende-se, desse modo, que a percepção desses atos motores coordenados, bem como o pleno desenvolvimento da habilidade, podem ser adquiridos por meio de um ensino de muitos anos. É indispensável um bom conhecimento para traçar um histórico do praticante desde a prática não intencional até a prática intencional, de forma que possa ser o professor o grande condutor capaz de promover o pleno desenvolvimento do aluno, interpretando suas vivências e ajudando-o a descobrir as melhores maneiras de solucionar seus problemas, em busca de uma aprendizagem digna e à altura de sua inteligência.

É na escolinha de futebol que a criança deve encontrar um professor capacitado a compreender as vivências motoras trazidas por ela, compreendendo o ser humano como um ser de possibilidades infinitas. Um professor capaz de levar o aluno a mais que a prática esportiva, internalizando o gosto pela prática esportiva e levando-o mais tarde a uma reflexão mais aprofundada sobre suas necessidades. Um professor capaz de colaborar, dessa forma, na formação de um ser autônomo e crítico. Ele ainda deve ser capaz de estabelecer diretrizes que demonstrem preocupações que vão além do apenas fazer, chegando mais próximas do sentir, trazendo respostas sobre o porquê fazer ou não. Esse professor deve ter conhecimento e vivência capazes de atingir o bom senso educativo, proporcionando uma educação que não se limite ao campo esportivo, mas, sim, uma educação ampla, como a amplitude característica do ser humano. Esse professor deve ser capaz de demonstrar o verdadeiro sentido de uma escolinha de futebol: formar o homem para a vida.

Nesse aspecto, a escolinha de futebol tem papel fundamental no processo educativo, quando a formação do caráter e da cidadania é abordada com o mesmo valor atribuído às vivências adquiridas e a serem adquiridas por cada um de seus alunos.

1.3.6 A realidade da iniciação esportiva no futebol brasileiro

O futebol, em seu processo educativo, não foge ao que foi anteriormente colocado no que se refere à Educação Física e ao esporte. A preocupação em formar rapidamente um jogador supera a preocupação com todo o processo de formação gradual, capaz de levar em conta os diversos momentos do desenvolvimento humano, bem como o gradual entendimento da modalidade esportiva em seu todo.

O processo de ensino-aprendizagem é construído seguindo um modelo de condicionamento humano, de forma que a busca da especialização dos movimentos torna-se mais importante que aprender a se movimentar nas mais variadas possibilidades. Levando-se em consideração que o futebol ganhou uma nova conotação em que a rua e os campinhos foram substituídos pelas escolinhas de futebol, e que o estudo científico tem muito a colaborar no trabalho de professores, manifesta-se desde o início deste estudo a preocupação em identificar um método de iniciação esportiva da modalidade futebol em que a criança e o adolescente possam ter o ensino gradual e pleno do movimento respeitado.

1.4 As dimensões envolvidas no ensino e treinamento esportivo

Buscar apoio na literatura da Educação Física e da Filosofia é bastante útil para compreender as dimensões envolvidas no ensino e treinamento esportivo no futebol e, assim, buscar na sua evolução o caminho mais adequado para um ensino mais eficaz e apropriado à criança e ao adolescente nessa modalidade.

Segundo Hoffman e Harris (2002), o ensino tende a ser direcionado às populações carentes de conhecimento, atitudes ou habilidades. E o treinamento é dirigido às populações seletas ou de elite que já adquiriram algum grau de habilidade, conhecimento e atitudes essenciais para a *performance*, mas não se manifestam constantemente no nível exigido.

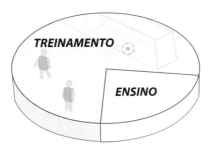

Professores inseridos no treinamento criam situações para o ensino: seja para ensina um jogador a cruzar melhor ou a equipe aprender o novo esquema tático.

Professores inseridos no ensino não utilizam treinamento de alto nível.
O espaço reservado é para o planejamento de festas, arrecadação de fundos, excursões etc.

FIGURA 1.4 – Compreendendo melhor Hoffman e Harris (2002).

A evidente confusão que se faz entre ensino e treinamento, inicialmente, está na concepção que o professor tem do ensino: ensino é proporcionar compreensão, formar um ser que se preocupe com as fases de sua maturação e, consequentemente, com seu entendimento das coisas a serem aprendidas, possibilitando a descoberta do corpo em suas incalculáveis possibilidades e a descoberta do esporte num todo, com informações que perdurem por toda a sua vida, capazes de refletir nas suas atitudes como homem. Ensino não é apenas disseminar práticas que se mostrem mais preocupadas com resultados rápidos e altas *performances*, formando homens para determinados momentos e afazeres, o que nos parece se intitular por treinamento. Em Lello e Irmão (1963), vimos que ensino tem como significado ato ou efeito de ensinar, instrução, educação. Ensinar tem como significado doutrinar: ensinar crianças, educar, mostrar, apontar: ensinar o caminho. Já treino tem como significado ação, usando como exemplo a maneira de preparar um cavalo para a corrida ou uma pessoa para um exercício de desporto. Treinar tem como significado submeter ao treino (falando-se de um cavalo ou de uma pessoa que se prepara para um exercício de desporto). Assim, pode-se entender que ensino está relacionado a crianças, a mostrar o caminho para o entendimento, para a compreensão, e que treino está mais dirigido à execução ao desporto de resultados. No entanto, culturalmente, no senso comum, treinamento chega a ser confundido com ensino. Para compreender tal fato é preciso entender as definições de senso comum, senso crítico e bom senso.

Segundo Luckesi (1993), o homem nasce em determinada circunstância geográfica, social e histórica, e nela adquire espontaneamente um modo de entender a realidade e de agir sobre ela. Essas compreensões constroem uma visão fragmentária e, por vezes, até contraditória, sendo denominada senso comum. Senso crítico, segundo ele, é a capacidade de adquirir novas compreensões, questionando as antigas de senso comum: é o desvendar da realidade. Já o bom senso é definido como um ponto intermediário estabelecido pelo senso crítico em relação ao senso comum.

No Brasil, o termo treinamento, por senso comum, confunde-se com ensino. Culturalmente, considera-se que uma criança, em iniciação esportiva, está "treinando" futebol. Esse sentido dúbio da linguagem popular não é compreendido por quem entende esse termo como um conceito científico definido. Se tal confusão permanece somente na utilização do termo, em nada prejudica o processo de ensino-aprendizagem da modalidade.

Neste país, porém, professores usam o senso comum quando utilizam modelos aplicáveis aos adultos em crianças e adolescentes. Desconsideram preceitos de desenvolvimento humano e não entendem que modelos de treinamento, no teor científico da palavra, são impróprios às crianças. É inadmissível que professores, que deveriam ter pleno conhecimento científico em relação ao que trabalham, se deixem orientar e cercear pelos limites espontâneos e fragmentários do senso comum.

Talvez a forma mais fácil e mais prudente de lidar com esse rito cultural é tentar compreender que o bom senso na utilização do termo "treinamento" para jovens não esteja na palavra em si, mas, sim, naquilo que é aplicado ao jovem no esporte, na forma como o professor entende que deve ensinar ou "treinar" jovens, utilizando métodos apropriados ou não para eles. Utilizar métodos apropriados a adultos para jovens é considerado absurdo numa comunidade científica como a da Educação Física em que há informação já largamente difundida na área.

Tais colocações convergem com a seguinte frase: "As ações de ensinar e treinar são mais similares do que distintas, mas as profissões do ensino e do treinamento são mais distintas do que similares." (Hoffman e Harris, 2002, p. 412).

Esses autores afirmam que professores inseridos no treinamento passam, mesmo que sendo uma pequena parte do seu tempo, disseminando conhecimento e modelando atitudes e comportamentos, caracterizando ações típicas do ensino. Pode-se perceber isso claramente nas ações de um bom técnico de futebol no alto nível que, em meio aos treinamentos, consegue encontrar tempo para criar situações de ensino, seja para ensinar um jogador a bater melhor na bola, ao aprender um novo sistema ou uma nova cobrança de falta, ou ainda, ao efetuar um tipo de marcação mais apurada. A verdade é que esses técnicos conseguem enxergar que o trabalho nas categorias de base nem sempre é bem feito e há necessidade de criar essas situações de ensino durante seus treinamentos. Professores inseridos no ensino, por sua vez, não caracterizam ou não deveriam caracterizar ações voltadas para o treinamento, que possui características voltadas seja para o desenvolvimento de alto nível de *performance* esportiva, seja para a automatização de gestos padronizados. Dessa forma, compreendemos que as ações de ensinar devem se restringir, exclusivamente, ao longo processo de ensino – Treinamento em Longo Prazo – TLP, sem quaisquer processos de treinamento de alto nível para melhora de *performances* e busca de resultados imediatos.

Isso tudo discutido até aqui mostra claramente que o problema não está em usar o termo "treinamento" para jovens. Há, sim, problemas em utilizar métodos próprios a adultos ao treinamento de jovens.

Outra evidência da confusão entre ensino e treinamento está presente na afirmação de Souto (2000), quando coloca que os garotos hoje são *feitos* nos próprios clubes, o que, segundo ele, implica transformações no seu *rito de iniciação* e gera a exigência de maior carga de exercícios físicos e treinamento técnico e tático. Quando o jovem está em situações de ensino e essa incompreensão da palavra treinamento culmina no modelo adulto empregado ao jovem, isso é preocupante.

Coll (1997) por sua vez, condena o fato de que a cultura se sobrepõe à preocupação com o desenvolvimento humano, em especial, o desenvolvimento infantil. Segundo ele, tal fato é comum quando se trata de comunidades primitivas, onde há um escasso nível de desenvolvimento científico e tecnológico. O autor ilustra esse fato exemplificando uma pesquisa realizada numa comunidade de pescadores na qual verificou que, por falta de modelos educativos apropriados, jovens seguem desde muito cedo os modelos culturais impostos pelos pais e se tornam precocemente simples pescadores. Percebemos assim que, além da imposição direta das ações adultas de pescar, estes jovens permanecem sem qualquer outra base que lhes capacite para outras oportunidades na vida. Ou seja, apenas aprendem a pescar e permanecem com nível de informação e conhecimentos pequenos para toda uma longa vida em seu aspecto social, caracterizando assim amplos efeitos negativos de um modelo adulto imposto à criança.

Por sua vez, Gomes & Machado (2001), em um estudo realizado sobre a modalidade futsal, citam a criação e divisão das categorias menores impostas pela Comissão Nacional do Desporto (CND), entidade extinta nos anos 1970, ligada à Confederação Brasileira de Desportos (CBD) que então comandava o futebol. Segundo os autores, a criação de categorias menores pela CND mostrou-se pouco eficiente, ainda que visasse a melhor forma de buscar resultado e melhoria da *performance* por meio da competição. Tal fato permanece até hoje naquela modalidade e confirma o que Souto (2000) mencionou a respeito do treinamento de crianças para o futebol. Essas constatações são preocupantes se considerado que, na comunidade profissional da Educação Física e do Esporte, há suficiente conhecimento científico acumulado sobre crescimento e desenvolvimento humanos, além de tecnologia de alto nível quando se trata de treinamento voltado para o futebol. Nesse caso, passa a ser inadmissível, portanto, que a prática do futebol apenas pela prática seja aplicada para crianças e jovens, ou ainda pior, que aplicados sejam apenas os conhecimentos de senso comum – modelos adultos impostos aos jovens –, passados de geração para geração sem qualquer discussão ou fundamentação mais profunda e necessária.

1.4.1 Professores ou treinadores: de que as crianças e adolescentes realmente necessitam?

O Ministério do Trabalho e Emprego – MTE (2008), na sua Classificação Brasileira de Ocupações (CBO), classifica a profissão de treinador profissional de futebol mais restrita ao alto nível, ou seja, ao trabalho exclusivo com atletas. Limitando-se o treinador a ensinar técnicas apenas quando o seu trabalho for direcionado a crianças (o que compreendemos necessitar de um grande conhecimento científico, sobretudo de preceitos de desenvolvimento humano, entre outros saberes, para tal). Todavia, a profissão de professor de Educação Física, segundo CBO, não se restringe à Educação e ao ensino superior sumariamente, e a categoria classificada como 2241, profissionais da Educação Física, relaciona-se, entre outros, também à família de treinadores, na qual está o treinador profissional de futebol. Isso reforça claramente o nosso ponto de vista de que não deveriam existir profissionais apenas com conhecimentos técnicos (e por isso fragmentados) e sem formação acadêmica no trabalho com crianças e adolescentes, mas, sim, professores formados, que são profissionais mais preparados e conscientes sobre planejamentos, métodos de ensino, estratégias de ensino e conhecimento científico adequados à função. Não descartamos, por isso, a importância do conhecimento desse tipo de treinador, mas cabe salientar que esse conhecimento deve se aliar obrigatoriamente ao conhecimento científico para ser eficiente e, sobretudo, não trazer prejuízos à formação integral de crianças e adolescentes no esporte. A própria CBO coloca em relação à formação e à experiência necessárias para a função que o exercício das ocupações da família relacionada à profissão de treinador profissional de futebol requer formação superior em Educação Física, com registro no Conselho Regional de Educação Física (CREF).

Em resumo, segundo as colocações anteriores de Gomes e Machado (2001) e Souto (2000), a extrema e precoce preocupação com o treinamento para respostas mais próximas às *performances* exigidas em jogo é fato comum na prática, amplamente alertado e discutido na literatura. Em pleno século XXI, vê-se que grande parte dos profissionais está preocupada em apenas formar jovens de forma imediatista como jogadores de futebol, ou seja, formar seres cheios de várias necessidades em "homens incompletos", "homens construídos apenas da cintura para baixo". O que converge com Souto (2000) quando cita que jogadores de futebol, nos clubes, há anos e em maioria, são preparados apenas para jogar futebol, treinados para determinado momento da vida. Dispostos a virarem verdadeiros "zumbis da sociedade", "seres vazios", presos à imagem do passado após uma curta carreira no futebol, uma vez que têm pela frente ainda toda uma vida a que não foram preparados (com conhecimento suficiente) para dar sequência útil. Fatos esses que favorecem ainda mais nossas discussões anteriores sobre a importância da aplicação de atividades diversificadas extraclasses durante as ações de ensino, capazes de levar os jovens a uma reflexão e discussão mais profunda sobre o todo que cerca suas vidas e as simples ações de aprender e treinar o futebol.

Acreditamos na necessidade de uma educação esportiva que privilegie um ensino amplo, capaz de se fazer refletir, discutir e praticar sobre os conhecimentos científicos técnicos e culturais que envolvem a modalidade. Com isso, não estaremos fazendo nada mais nada menos do que o CONFEF/CREF cita no seu Código de Ética Profissional quanto às responsabilidades e aos deveres, capítulo IV, artigo 12, ao se referir sobre a obrigação e o compromisso dos profissionais de Educação Física e do esporte em gerar uma educação esportiva de qualidade: "Manter-se atualizado quanto aos conhecimentos técnicos, científicos e culturais, no sentido de prestar o melhor serviço e contribuir para o desenvolvimento da profissão".

Ou ainda, quando o mesmo Código de Ética Profissional coloca no mesmo capítulo, em seu artigo 5°, parágrafo 1°: "Comprometimento com a preservação da saúde do indivíduo e da coletividade, e com o desenvolvimento físico, intelectual, cultural e social do beneficiário de sua ação".

Acreditamos com isso também que a esfera do treinamento para adolescentes deva ficar bem longe da errônea compreensão cultivada culturalmente ao longo dos anos de que treinar é sinônimo de sofrer (triste herança do militarismo). Deve haver no treinamento, sobretudo, prazer e motivação suficientes, o que exige aplicação de atividades diversas e inteligentes, capazes de sobrepor os treinamentos extenuantes e por demais exigentes que há décadas se aplicam aos jovens. No caso de crianças e adolescentes, o trabalho do técnico (que em síntese aparece extremamente voltado para o modelo adulto) é aplicado por profissionais que deveriam se limitar a fazer – e bem – o trabalho de exímios professores do esporte. Acreditamos na importância de profissionais mais qualificados nas ações pedagógicas do ensino do futebol nas categorias de base até por volta dos 14 anos de idade pelo menos. E entendemos que a participação de "profissionais" sem o pleno conhecimento científico-pedagógico necessário – como o caso da categoria conhecida popularmente como "boleiros" (ex-jogadores de futebol que comumente assumem a posição de "técnicos" ou "professores" de jovens), em grande parte protegida por lei e obrigatoriamente provisionada pelo órgão responsável (dispostos às cobranças e à fiscalização dos CREFS) – tem a sua devida importância em estágios em que o jovem já domina bem conhecimentos técnicos e táticos. Acreditamos que suas vivências diversas como atletas que foram da modalidade podem colaborar significativamente para melhorar as ações do jogo desses jovens. Antes disso, porém, nas idades inferiores aos 15 anos, acreditamos numa formação mais global e necessariamente dirigida pelos profissionais que conheçam e sejam capazes de conduzir as metodologias de ensino apropriadas e respeitosas às faixas etárias em questão. Nesse caso, profissionais com formação acadêmica em Educação Física.

1.4.2 A discussão ganha grandes espaços e aliados importantes

Nossa preocupação e posição a fim de defender o direito do aluno a uma educação esportiva e a um treinamento de qualidade, ministrados por profissionais adequados, têm sido amplamente defendida e discutida por nós em diversos congressos nacionais e internacionais a que temos proferido cursos, tanto quanto no curso de pós-graduação em Futebol do Instituto do Esporte Wanderley Luxemburgo, diretamente com o Wanderley, durante as aulas que damos juntos na matéria Categorias de Base. Em todos esses cursos, temos recebido muitos elogios e temos ganhado novos aliados dentre os alunos, que, com certeza, no dia a dia, em seus locais de trabalho, em suas realidades diversas e distintas, levam, dentre tantas mensagens importantes, que nos preocupamos em passar a principal: a importância de buscar mais e mais o conhecimento, sempre no sentido de prestar o melhor serviço possível aos nossos alunos nas suas principais necessidades.

As aulas no Instituto têm sido uma excelente maneira de atingir diretamente e de forma rápida centenas de profissionais, uma vez que o Instituto dispõe de franquias em quarenta regiões do Brasil e duas no Exterior (Estados Unidos), em que as aulas ocorrem simultaneamente em tempo real, transmitidas em canal fechado de televisão para aproximadamente quinhentos alunos.

Durante nossas diversificadas e valiosas discussões, vale a pena ressaltar que, num dos dias em que inclusive a Rádio Bandeirantes de São Paulo se fazia presente e transmitia também ao vivo parte da nossa aula, Wanderley defendeu a importância da intervenção pedagógica no ensino do futebol por parte dos treinadores conhecidos como "boleiros". Concordamos plenamente com ele, pois não podemos de forma alguma descartar a importância do conhecimento prático desses treinadores, uma vez que são os únicos realmente capazes de dirigir melhor os jovens nas ações mais conscientes de jogo. Ficou esclarecido em nossa discussão que, para sofrer essa intervenção, o jovem deve ter toda uma preparação e formação anterior, além de certo amadurecimento técnico, mental e físico. Ao nosso ver, profissionais que só têm o conhecimento prático de jogo carecem de conhecimentos pedagógicos, psicológicos, fisiológicos, entre outros necessários para lidar com jovens em idade inferior a 15 anos. Os jovens de 15 anos, por sua vez, já têm condições melhores para começar e, sem exageros, de forma gradual, para assimilar tais ensinamentos mais práticos (posicionamentos, marcações específicas mais complexas, ações mais maduras e específicas que exigem melhor raciocínio de jogo), por ter, de acordo com estudos da Medicina Esportiva citados por Lopes (2007), nessa faixa etária, 40% da capacidade técnica; aproximadamente 65% da capacidade mental e também aproximadamente 65% da capacidade física formadas. Uma vez que a própria literatura de Educação Física que trata sobre preceitos de desenvolvimento humanos com base em Martin (1988) defende que jovens dessa faixa etária já devem estar dispostos a competições regionais, estaduais e nacionais, como forma de se prepararem gradualmente em longo prazo para desafios maiores mais à frente e, logicamente, que respeitando treinamentos de acordo com sua maturação.

Com isso, não buscamos mais nada do que chamar a atenção para a importância de se aliar conhecimentos práticos ao conhecimento científico. Afinal, já são muitos os "boleiros" presentes como alunos nesse citado curso de pós-graduação, o que indica essa nova necessidade do mercado de buscar informações para trabalhar melhor.

Durante essa mesma aula citada, Wanderley Luxemburgo evidenciou ainda a importância de proporcionar que talentos precoces aos 17 anos tenham acesso ao grupo de jogadores profissionais. Concordou conosco, porém, que o treinamento a esses jovens deva ser de acordo com sua maturidade em questão. Uma vez que jovens nessa faixa etária têm 60% da capacidade técnica, 70% da capacidade mental e 70% da capacidade física formadas, seria absurdo propor a eles um treinamento nos moldes adultos e exigir as mesmas *performances* conseguidas por atletas de alto nível em idade própria a atingir seu ápice da forma técnica, física e mental (entre 23 e 26 anos de idade). Afirmou Wanderley que esses jovens talentos promovidos ao futebol profissional devem sobressair e serem aproveitados principalmente pela sua habilidade, sem maiores preocupações com o imediatismo ao aprofundamento e treinamento especializado nos aspectos físico e tático. Assim como considerou importante toda essa nossa discussão, uma vez que o casamento entre teoria e prática se faz necessário para a vida do professor sempre, e que não há qualquer teoria lógica sem ter havido uma prática adequada, nem há prática lógica sem teoria adequada. Assim, acreditamos que ensino e treinamento devam caminhar juntos como sempre foi, porém, nos dois casos (ensino e treinamento), os profissionais envolvidos devem aliar conhecimentos práticos e teóricos suficientes para intervir bem em cada aluno (cada realidade), de forma respeitosa e bem fundamentada em cada fase específica do desenvolvimento humano.

FIGURA 1.5 – Professor Apolo interagindo com o professor Wanderley durante a mencionada aula do Instituto do Esporte Wanderley Luxemburgo.

1.5 Principais discussões do século XX sobre métodos de treinamento no futebol

Abordar as principais discussões do século passado sobre métodos de treinamento do futebol é de suma importância para evidenciar o papel desses métodos no processo educativo ao longo do tempo e, posteriormente, identificar melhor os possíveis métodos a serem dispostos no ensino da modalidade atualmente.

Ramos (1998) afirma que, ao longo de todo esse processo de discussões sobre métodos, existem citações importantes sobre uma tendenciosa necessidade de cada vez mais aproximar o treinamento à realidade do jogo. Afirma também que "o treino desportivo é, por definição, um processo integrado" (Ramos, 1998, p. 49).

Para esse autor, nos Jogos Desportivos Coletivos (JDC), os processos do treino desportivo, tanto os de análise quanto os de estudo, são pouco adequados e eficazes porque se afastam da essência das modalidades e não se baseiam naquilo que é específico. Pelo contrário, dividem em partes aspectos que deveriam ser identificados minuciosamente, não conservando o que seria essencial na relação entre essas partes.

Defende um processo sistemático de análise, caracterizado por minuciar aquilo que se observa e entende e que também proporciona um conhecimento bem profundo de todas as ações que são próprias ao futebol, identificando os aspectos que comprovam, entre outras coisas, a melhor ou a pior capacidade de um praticante, ou de uma equipe, para realizar tais ações, ou seja, busca a localização de problemas.

Para Ramos (1998), os processos de estudo dos JDC dão ênfase ao futebol, podendo ter como orientações gerais:

- A observação quanto ao conhecimento das partes que o constituem, ou seja, dos aspectos particulares das áreas técnica, tática, física, psicológica, sociológica, de leis e aspectos regulamentares da recuperação, compreendidas de forma isolada, entendendo cada uma dessas áreas como se fossem independentes e, ainda, passíveis de serem divididas em aspectos mais pormenorizados.

- Entender a modalidade dessa forma permite conhecer melhor aquilo de que depende toda a eficiência do praticante e/ou da equipe e dirigir o treinamento a cada um dos pormenores que se pretende abordar.

Para ele, a divisão do treinamento em partes (treinamento técnico, treinamento tático, treinamento físico, treinamento psicológico, treinamento sociológico, treinamento das leis e regulamentos) afasta o caráter específico da modalidade.

Assim, o autor classifica que o referido processo de "separar para entender e treinar" e, depois, em ordem contrária, "juntar para voltar a ser real e competir" revela-se pouco preciso, correndo-se o risco de criar e melhorar capacidades com grande dificuldade de adaptação ao serem aplicadas em competição, isso porque foram consideradas de forma isolada.

Tal observação possibilita entender que se deve observar e conhecer as ações que compõem o repertório do praticante e/ou da equipe, de tal forma que decomponham o treino e as modalidades naquilo que é próprio e específico, sem realizar separações que descaracterizem as ações específicas do esporte.

Após sua crítica aos métodos analíticos que não caracterizam as ações próprias do esporte em situações competitivas, passa a defender que:

> entende-se, então, que o ponto de partida para a análise e o treino das modalidades, no caso, aqui, do futebol, são as ações próprias da modalidade, estas entendidas como aquilo composto por técnica, tática, capacidades físicas (motoras), qualidades psíquicas e sociais, dependentes de leis e de regulamentos, de recuperação, alimentação etc. (Ramos, 1998, p. 50)

Pode-se sintetizar essas colocações destacando dois aspectos:

- As modalidades podem ser divididas em suas partes constitutivas: técnica, tática, física, psíquica, social, leis e regulamentos e aspectos nutricionais.
- Podem ter suas ações classificadas em individuais e/ou coletivas sendo, por sua vez, constituídas em termos técnicos, táticos, físicos, psíquicos e sociais.

Segundo o autor, entende-se que "o treino é um todo indivisível" ainda que, por razões metodológicas, possa ser considerado pelas partes que o constituem, pelos seus fatores ou pelas ações características de cada modalidade, desenvolvidas no percurso dos processos de competição.

Pretende-se com isso conciliar esses dois aspectos num caminho de integração que possa relacionar as ações citadas com os fatores que lhes dão expressão.

A divisão do treino em fatores com a finalidade de especificar, assim como no sentido inverso, a sua integração para manter a essência verdadeira, são procedimentos metodológicos para análise do treino, para análise de um praticante ou de uma equipe ou para a análise de toda e qualquer ação que trate da competição e da relação desta com o treino.

Assim, pode-se dizer que, no caso do futebol, pela necessidade de um desenvolvimento e aperfeiçoamento máximo de cada capacidade física, habilidade motora e gesto técnico, quase todo treino procura soluções metodológicas voltadas a essas capacidades de forma isolada, deixando para segundo plano a aplicação dessas mesmas capacidades naquilo que é real na competição, ou seja, corre-se o risco das capacidades treinadas não se relacionarem às outras capacidades envolvidas na *performance* esportiva que não foram alvo de tanta atenção.

Baseado nesses apontamentos, o autor coloca "a necessidade ou não de se considerar o treino de forma integrada", uma vez que, na prática, se observa que parte considerável do treino é generalizado e dividido em compartimentos, abordando os fatores de forma isolada sem orientação e sem organização que mostrem ligação entre os diversos aspectos trabalhados.

Quanto aos fatores do rendimento, ao proceder à análise das capacidades dos praticantes com a finalidade de conhecer melhor cada uma delas, corre-se o risco de "isolar" alguns aspectos, teoricamente criando capacidades isoladas que, uma vez em ação na competição, têm significado mais amplo. Uma capacidade, seja técnica, tática ou física, quando considerada isoladamente, sempre se manifesta pelos comportamentos do praticante no andamento da atividade, sendo expressos de forma global e não por meio de uma capacidade ou um grupo delas. Assim, Ramos (1998) especifica que cada ação realizada em competição é consequência de vários fatores, mesmo que um ou mais sejam facilmente observáveis. É comum encontrarmos os fatores do rendimento distribuí-dos nos seguintes grandes grupos: técnico-táticos, físicos, psicológicos e complementares. Essa divisão visa resumir várias propostas que, com certas diferenças de linguagem e concepção, podem ser agrupadas na análise e nas consequências metodológicas do treino que propõe. Villar[3] (1983 apud Ramos 1998, p. 50) classifica os aspectos do rendimento em: físicos, técnicos, táticos, biológicos e psicológicos. Zerhouni[4] (1980 apud Ramos, 1998, p. 51) menciona uma divisão semelhante, destacando qua-lidades: técnicas, físicas, táticas e morais.

Ramos (1998) propõe a divisão dos fatores do rendimento em qua-tro grandes grupos:

- *Técnico-táticos*: ataque e defesa, ações individuais, ações co-letivas;
- *Físicos*: resistência, velocidade, força, flexibilidade, destreza;
- *Psicológicos*: cognitivos, afetivos, ativo-motores, motivacionais;
- *Complementares*: alimentação, repouso, vida social, teoria, recuperação etc.

Com essa proposta de subdivisão dos grupos, afirma que os con-teúdos mais bem identificados são treino e competição. É necessário fazer uma correta ligação entre esses dois momentos, pois, na compe-tição, os fatores expressam-se de forma integrada. Segundo esse autor, caberia aos profissionais da área "encontrar as metodologias que per-mitam que o processo de treino se adapte a essa realidade, adaptando os praticantes às exigências da competição" (Ramos, 1998, p. 50).

---

[3] VILLAR, Carlos del. **Ludens**, v. 8, n. 1, out./dez. 1983.
[4] ZERHOUNI, M. **Principes de Base du Football Contemporain.** Suíça: Fleury, 1980.

Beim (1977, p. 30) utiliza as expressões: condição física, treino de técnicas de futebol, treino de táticas de futebol para se referir às áreas de intervenção no treinamento do futebol.

Reforçando que o treinamento é um fenômeno que afeta a multidimensionalidade do futebol, Proença (1982, p. 10) defende que:

> a introdução de alterações qualitativas nas capacidades e características do atleta em consequência da aplicação de qualquer conteúdo de treino obriga a uma caracterização exaustiva daquelas e das próprias exigências da competição relativamente às qualidades físicas, técnicas, táticas, psicológicas, intelectuais, morais e teóricas.

Teodorescu (1984), por sua vez, apresenta as particularidades da preparação desportiva, considerando fatores de treino as preparações física, técnica, tática, teórica moral e de nível cultural.

Confirmando que há mais do que aspectos puramente físicos envolvidos no treinamento, Silva (1985) afirma que mencionar a existência de qualidades físicas "pressupõe naturalmente que há outras qualidades de outra ordem que não física."

Wilson[5] (1990 apud Ramos, 1998) considerou o futebol um todo, apontando que os fatores do treino são: técnicos, táticos, físico-atlético (qualidades físicas), biofisiológicos (do comportamento), sociológico (das relações intersubjetivas), ético-moral (da conduta, do *fair-play*), estético e daquilo que se denominou Treino Invisível.

---

[5] Wilson, J. **Documentos de apoio aos cursos de treinadores nacionais.** II Nível. Portugal: FPF, 1990.

Assim, fala-se de várias qualidades abordadas no treinamento em razão das próprias exigências da competição e que são trabalhadas de forma integrada, reforçando a ideia da relação indissociável que há entre elas e da necessidade de estabelecer coerência entre a teoria, o treino e a realidade do que acontece na competição.

Ainda nessa linha, Konzag (1991) destaca o que denomina requisitos que determinam a capacidade de jogo, sendo eles: requisitos psicológicos, requisitos técnicos, requisitos táticos e, finalmente, requisitos coordenativos e condicionais.

> Depois de tratados pormenorizadamente os requisitos que consideramos decisivos para o aparecimento de uma capacidade de jogo elevada, não queremos deixar de salientar mais uma vez que a essência dessa capacidade está na interação e na integração que se venha a verificar entre as suas várias componentes. A tarefa essencial do ensino desta prática desportiva é a de que todas as suas componentes sejam formadas e aperfeiçoadas em conjunto, paralelamente ou uma após a outra, no quadro da formação física geral de base e por meio dos jogos desportivos, em particular durante as horas dos treinos. (Konzag, 1991, p. 19)

Em outras palavras, verificamos que o autor estabelece uma relação com o ensino da modalidade esportiva por meio da aplicação de jogos no treinamento.

> Da observação e pesquisa da maioria dos manuais do treino, constata-se, na sua generalidade, um excessivo detalhe, compartimentando a componente técnica da tática para já não falar na problemática do desenvolvimento das qualidades físicas. (Ferreira e Queirós, 1982, p. 20)

O jogo, porém, é mais do que o conjunto dos vários fatores que o constituem (Ramos, 1998), logo será incorreto compartimentá-lo. É preciso reduzi-lo às fases elementares, a fim de, como um todo, respeitá-lo.

Estimar um processo de treinamento pela soma das capacidades técnicas, táticas e das qualidades físicas, implicará uma apropriação de comportamentos motores fora da realidade do jogo, uma vez que a sua exigência no jogo vai depender de sinais e estímulos diferentes daqueles que caracterizam situações de treinamento nas quais a aprendizagem ocorreu.

> Se bem que do ponto de vista didático se possa observar uma componente técnica, uma tática, outra física e ainda uma psicológica; no campo prático o treino deverá perseguir os objetivos de desenvolvimento das capacidades físicas, utilizando formas de cuja natureza constem os restantes elementos do jogo e sob uma atmosfera o mais próximo possível da que impera na atividade competitiva. (Ramos, 1998, p. 51)

A indivisibilidade das componentes do jogo resultará, assim, como princípio e via fundamental da metodologia do treino, devendo todos os fatores desde o início do processo de treino e, sempre que possível, serem encarados globalmente e em unicidade de objetivos.

Silva (1985, p. 51), ao apreciar a evolução histórica de conceitos relacionados com a classificação das qualidades físicas, afirmou que:

> Pensamos que, no futuro, a par de um aprofundamento cada vez maior dos diferentes aspectos parcelares do movimento, aparecerá, certamente, uma visão mais global do treino desportivo consubstanciando uma nova teoria do treino.

A citação de Sousa (1982, p. 21) é uma evidência que nos anos 1980 já se discutia uma forma de não parcelar o treinamento.

> Na perspectiva com que temos vindo a encarar o treino desportivo – ligado à especialização – começamos por assinalar que a sua existência é recente, sobretudo se o considerarmos em sua forma mais acabada, como sistema integrado e superiormente organizado, isto é, a partir do momento em que caminha segundo um certo grau de convergência de seus principais componentes, de ordem: Física, Técnico-táctica, Teórica, Psicológica, Moral e Social.

Ainda que haja essas evidências nos anos 1980, Ramos (1998) afirma que o treino desportivo, do ponto de vista desse conceito globalizado, científico e realizado sistematicamente, apenas há pouco tempo deu seus primeiros passos de forma determinante nas potências desportivas mais avançadas. Se comparados à maior parte dos países, pode-se perceber que ainda é encontrado de forma incompleta, privilegiando-se apenas alguns de seus componentes, sem uma preocupação realmente unificadora. Assim, é frequente o treino desportivo visar aos aspectos técnico-táticos, por exemplo, ignorando os outros componentes ou não lhes dando a importância devida. Esse tipo de atitude é frequente em certos treinadores que não toleram e se negam a ter a ajuda de especialistas de outras áreas como a Fisiologia ou a Psicologia, impedindo um sistema de globalização do treino. Isso favorece o encontro com certos praticantes acostumados a trabalhar com esse tipo de treinador: o desenvolvimento de uma apatia em relação a tudo que esteja além do treino técnico-tático.

Assim, torna-se inegável o fato de que o treino desportivo, tanto nos moldes integrados e mais sofisticados como nos moldes compartimentados e menos sofisticados, é elemento particularmente importante e determinante do fenômeno futebol.

1.6 A evolução do treinamento no futebol: do modelo compartimentado ao processo integrado

As discussões dos diversos autores são capazes de nos mostrar que a evolução de práticas de treino seguiu um percurso, ao longo dos tempos, que dependeu de duas influências: a própria dinâmica da modalidade e da necessidade de dar respostas às situações de competição e as ideias gerais do desporto, nomeadamente no âmbito do treino desportivo.

Na base de uma proposta geral para as etapas de evolução histórica do treino desportivo, Silva (1985) propôs uma adaptação do treinamento considerada por quatro grandes períodos nos hábitos de práticas de treino, visando às diversas modalidades e apontando para o que se propõe para a atualidade:

- 1º período = GLOBAL: modelo global, treina-se competindo, *primórdios* do treino, joga-se, logo se treina;
- 2º período = ANALÍTICO: Início do modelo compartimentado, treina-se dirigindo os estímulos a aspectos muito particulares e isolados;
- 3º período = ANALÍTICO associando vários fatores: ainda relacionado ao modelo compartimentado, treinava-se associando os fatores que se verificavam ter coerência e que poderiam também vir a fazer parte daquele método como mais uma variante a ser compartimentada no treino. Treinamento dividido em partes isoladas surge no momento em que se entende que, além de treinar separadamente a variante técnica, devem-se treinar também separadamente as variantes de ordem física, tática e etc.;
- 4º período = INTEGRADO: modelo integrado, o qual, partindo da competição, treina-se considerando os fatores que determinam a sua eficiência, estabelecendo a sua inter-relação.

Ramos (1998) citou a preocupação que era manifestada em cada um desses períodos: Período Global: manifestava-se preocupação com a evolução técnica, ou seja, como é o movimento; Período Analítico: manifestava-se preocupação com a evolução dos métodos de treino, ou seja, com que se realiza o movimento; Período Analítico associando vários fatores: manifestava-se preocupação com a evolução da quantidade de trabalho, ou seja, quando se pode treinar; Período Integrado: manifesta-se preocupação com a evolução dos conhecimentos do sistema nervoso central; ou seja, como é dirigido o movimento. Assim entendemos que as principais discussões do século XX sobre treinamento, anteriormente vistas, se deram principalmente entre o terceiro e o quarto período dessa evolução, quando o treinamento acontecia de forma compartimentada e se sentia a necessidade de aproximar o treinamento àquilo que acontecia em jogo, proporcionando vivências mais verdadeiras.

Esses quatro períodos, segundo Ramos (1998), correspondem à evolução dos resultados desportivos e sua relação com o processo de treino. Essas etapas não se sucederam de forma mecânica, nem foram sincronizadas na modalidade. Surgiram pelas ideias recíprocas e a evolução do conhecimento entre as mais variadas especialidades esportivas. Esses períodos podem ser identificados não só no futebol, mas nas várias modalidades dos Jogos Desportivos Coletivos, ainda que cada modalidade tenha seguido seu próprio trajeto.

Segundo esse autor, "é o método competitivo, o meio integrado mais 'puro' que pode ser utilizado no processo de treino." Assim, quando se realiza o tradicional *treino de conjunto*, ou um *jogo treino* nos desportos coletivos, é inegável que sejam solicitadas muitas, ou melhor, quase todas as capacidades dos praticantes e da equipe. Esses momentos de treino integram de forma obrigatória os aspectos físicos, técnicos, táticos, uma parte das emoções das competições verdadeiras, relações com o espaço, com os companheiros e também com os adversários. Os exercícios dirigidos a capacidades particulares são razoáveis e talvez indispensáveis, mas, na maioria das vezes, colocam o praticante em situações muito artificiais. Caberia, então, ao educador-treinador criar condições efetivas e reais que permitam aprender, melhorar e aperfeiçoar todas as capacidades que a competição vai exigir de seus jogadores.

Buscando rapidamente compreender os processos complexos que levaram a essa evolução do treinamento no futebol, a citação de Fiedler-Ferrara e Prado (1995) parece convergir com o segundo e com o terceiro períodos descritos por Ramos (1998) quanto àquilo que aconteceu especificamente na evolução do treinamento compartimentado do futebol. Segundo esses autores, em toda organização ou em qualquer sistema não linear, a reaplicação das mesmas regras ao longo do tempo impede que haja alterações. Tal processo torna-se mais complexo à medida que foge da ideia inicial. No caso do treinamento compartimentado, observa-se que, enquanto se divide o treino em pequenas partes, já se encontram dificuldades de agregar todos os elementos do jogo – à medida que há a inclusão de variantes de ordens diversas –, o mais complicado é o processo. Tal inclusão de variantes, classificadas pelos autores como *atratores estranhos*, um conjunto invariante para quais órbitas próximas convergem depois de um tempo suficientemente longo, são capazes de levar qualquer processo ao caos.

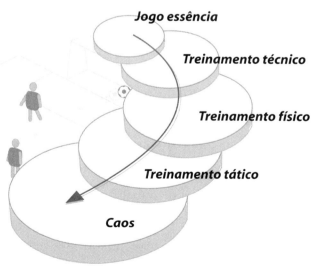

FIGURA 1.6 – Compreendendo melhor Fiedler-Ferrara e Prado (1995).

Morin (2004) descreve como uma forma complexa de compreensão da realidade, que ilumina o entendimento sobre o terceiro período da evolução descrita por Ramos (1998) quando afirma que a mera "soma das partes não corresponde ao todo". Ao analisarmos a realidade do ensino e treinamento do futebol, detectamos vários autores que tentaram encontrar formas ideais para o treinamento e referem sua insatisfação quando este era ensinado e treinado de maneira compartimentada, ou seja, quando era dividido em partes no treinamento para depois tentar juntar tudo no jogo.

Por acreditar na não linearidade da evolução histórica, constata-se que "passado" e "futuro" se confundem no dia a dia do treinamento do futebol e essa permanência de características, que podem ser entendidas como ultrapassadas, é preocupante por vir a comprometer a velocidade de uma possível evolução positiva do treinamento integrado. Acreditamos que somente um total desprendimento do método já comprovado ineficiente no ensino (compartimentado) poderá fazer que este *"novo"* método evolua.

Muitos dos educadores-treinadores, talvez por falta de informações compatíveis com evolução de estudos científicos, insistem em compartimentar o treinamento, ou quando aplicam treinamento integrado para jovens, preocupam-se apenas com sua *performance* e rendimento esportivo e pouco com sua educação integral. Não compreendemos como adequadas essas duas formas de treinar jovens, assim como Ramos (1998) critica essa forma de trabalhar, afirmando que se trata de "somente esperar fazer do jovem uma cópia fiel dos padrões adultos como forma de futuramente, e o mais rápido possível, substituí-los" (Ramos, 1998, p. 54).

O treinamento integrado fez surgir novas expectativas no sentido de um treinamento mais inteligente e menos desgastante, adaptando-se melhor tanto às exigências impostas aos adultos quanto ao processo de formação colocado ao jovem por meio de jogos didaticamente dirigidos. Nele há preocupação, sobretudo, com o desenvolvimento da capacidade de decisão dos praticantes, uma vez que, como vimos anteriormente, a melhora do mecanismo decisório pode ser determinante para a melhor objetividade e, assim, a plena efetivação dos movimentos que o jogo exige. É esperado, então, que os professores conheçam essa metodologia, respaldados pela literatura, como forma de respeitar, sobretudo, a maturidade e as capacidades de quem está em processo de aprendizagem, ou seja, visando ao pleno desenvolvimento físico, mental e técnico-tático. Ainda que a literatura, como vimos, mencione as vantagens do treinamento integrado sobre o compartimentado, não se consegue encontrar ainda estudos mais aprofundados, como este nosso estudo, que se refiram à experiência de sua aplicação. O que mais fortalece a importância deste livro.

1.7 O jogo como solução para aprendizagem do futebol: uma abordagem específica do treinamento integrado voltado para o ensino

Em meio a tantas discussões de outros autores citados anteriormente neste estudo, a evolução do treinamento chega à fase do treinamento integrado a partir da década de 1980. Bunker & Thorpe (1982) propõem um novo modelo de treinamento que utilizava um modelo tático de ensino, pautado no desenvolvimento da consciência de jogo e da capacidade de tomada de decisão, por meio da participação em jogos adaptados preocupados com o ensino da modalidade. Esses jogos eram pautados em princípios táticos que tiravam o caráter técnico exagerado dos exercícios analíticos. O modelo dos Jogos Esportivos Modificados, como chamavam, além de possibilitar mudanças na estrutura dos jogos, invertia o processo de ensino e aprendizagem, exagerando em exercícios táticos e reduzindo as exigências técnicas demandadas pelos exercícios tradicionais.

Tal modelo, criado para solucionar os problemas observados nos modelos anteriores, propunha uma relação mais aproximada com a realidade encontrada em situações de jogo. Pode-se compreender melhor isso observando suas etapas:

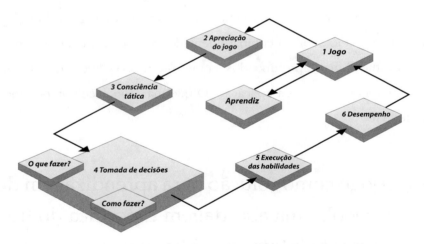

FIGURA 1.7 – Modelo do Teaching of Games (Bunker & Thorpe, 1982).

Jogo: nessa etapa são apresentados aos alunos uma variedade de jogos, de acordo com a idade e experiência. Deve ser dada uma cuidadosa observação às áreas e superfícies dos jogos, número de crianças envolvidas e a apresentação de problemas que os jogos envolvem, como a criação de espaço para ataque e negar espaço para defesa.

Apreciação do jogo: os alunos devem entender as regras dos jogos, o fato de elas darem ao jogo a sua forma, por imposição de tempo, espaço, pontuação e habilidades exigidas.

Consciência tática: maneiras e meios de criar e negar espaço. As táticas devem ser vistas como elementos mutáveis em um jogo, a fim de atender às necessidades do momento.

Tomada de decisões: o reconhecimento de pistas e previsões de possíveis resultados é de suma importância para a tomada de decisões durante os jogos.

Execução das habilidades: a real produção do movimento pretendido, tendo em mente o presente nível de habilidade do aluno e suas limitações. A execução de habilidades é realizada quando o professor observa que um jogo não se desenvolve em razão da deficiência de determinada habilidade. A partir daí, deve-se preparar atividades que possibilitem a execução da habilidade pretendida, para dar sequência no jogo.

Desempenho: resultado observado dos processos anteriores, medido sob critérios, que são independentes do aluno.

Segundo Bunker & Thorpe (1982), ao utilizar esse modelo, o professor deverá conscientizar seus alunos que fatores, como a segurança nas áreas de jogo, o uso e posse do espaço, o estabelecimento de regras e métodos de registro de pontuação, jogar de maneira justa e acatar as regras, são importantes durante a realização dos jogos.

Envolvidos no processo de tomada de decisões, como decidir a área de jogo ou o ajuste das regras que irão reger o grupo, espera-se que os alunos comecem a entender e apreciar as condições necessárias para se jogar organizadamente.

Segundo esses autores, é importante que os alunos entendam os conceitos básicos do uso de espaço e, em consequência, os conceitos de defesa e ataque. Com alunos de menor faixa etária, esse processo deve ser introduzido da maneira mais simples possível, como, por exemplo:

- *Ataque*: criar espaço para o uso das habilidades aprendidas;
- *Defesa*: negar espaço de modo que os adversários não possam usar suas habilidades.

Quanto à aprendizagem do futebol, Ferreira (2002) mencionou que nos Jogos Desportivos Coletivos, uma das maiores dificuldades encontradas no treino é a capacidade do treinador em integrar os diversos fatores do rendimento desportivo. Muitas vezes, foge-se da lógica da modalidade, seguindo fielmente postulados teóricos e metodológicos distantes das solicitações reais impostas pelo jogo.

Logicamente não interessa que o jogador de futebol seja um "*sprinter*" ou um "halterofilista", mas que tenha velocidade suficiente para realização de bons contra-ataques no jogo e tenha força para aguentar melhor os choques e assim tenha melhores condições de realizar bem suas tarefas de jogo. A mesma coisa acontece com a técnica e a tática; pois não interessa que o jogador seja perfeito no domínio dos variados gestos específicos do futebol, nas mais diversas ações do jogo, mas que consiga agir com um grau adequado às exigências de cada situação, que consiga tomar a

> melhor decisão possível dentro do que o jogo lhe
> apresenta. (Ferreira, 2002, p. 35)

Desse modo, o jogo é um excelente meio de treinamento que o treinador tem ao seu dispor para ensinar a técnica e a tática. Porém, não é no jogo desprovido de objetivos didáticos, mas, sim, na utilização daquilo que é específico, com um caráter de orientação consciente e ativa por parte do treinador, visando à aprendizagem da modalidade esportiva em questão, por meio de jogos dirigidos.

Os aspectos pedagógicos e metodológicos do treinamento colocado aos iniciantes merecem uma atenção mais aprofundada, uma vez que há um problema na área que pode ser expresso pela frequente crítica: *Exercita-se muito e joga-se pouco.* O exemplo mais objetivo no futebol é a tarefa de condução de bola por entre pinos.

> Não que estas tarefas não sejam importantes
> para alcançar os objetivos a que se propõem, pois
> até são determinantes para a fase de formação do
> praticante, a relação jogador-bola, e são meios de
> treinamento que temos à disposição para o tra-
> balho de formação técnica de caráter individual.
> Porém, não deveria ser dedicado tanto tempo de
> uma sessão de treino a este tipo de exercício "me-
> cânico", como acontece. Sendo o JDC uma ati-
> vidade com características essencialmente táticas,
> será esta forma de treino que colocará a criança
> praticante numa posição de resolução de proble-
> mas a todo o momento? Esta é a melhor forma de

> aproximação àquilo, ambicionado pelos jovens, que é aprender a jogar? (Ferreira, 2002, p. 38)

O jogo acontece como uma relação de interação de grupo, de cooperação e de oposição, que ocorrem simultaneamente. Ele favorece uma vivência fundamental dos JDC que oferecem excelentes referenciais de tomada de decisão capazes de auxiliar o desempenho do praticante.

Frisa o autor:

> Se jogar é tentar resolver problemas que os adversários colocam (tática), utilizando para isso determinados procedimentos motores (técnica), porque não nesse contexto - jogo, se deva favorecer as aprendizagens e descobertas que os jovens devem fazer? (Ferreira, 2002, p. 38-9)

Organizar o jogo, sem deixar que corra sem propósito didático, executando-o com objetivos previamente definidos e nele centralizando as aprendizagens pretendidas, constitui uma situação diversificada e problemática para quem ensina.

Essa situação somente é possível de ser resolvida por meio da experiência com muita preparação e organização por parte do treinador.

Essa experiência se refere, sobretudo, ao conhecimento que tem das questões técnico-táticas específicas da modalidade em questão e de como e quando interferir, ou seja, os chamados *timings* das correções, fornecendo os *feedbacks* que melhor conduzirão o jogo-treinamento.

Uma das qualidades que diferencia os treinadores com mais experiência daqueles com menor vivência profissional é a capacidade que os primeiros têm de colocar as tarefas de treino bem ajustadas aos objetivos da aprendizagem definida, em especial, por meio daquilo que é aplicado no jogo, ou seja, em atividades abertas e globais – atividades capazes de proporcionar vivências reais do que acontece em jogo. Observa-se que treinadores menos experientes insistem em atividades fechadas, analíticas, que são afastadas do contexto de cooperação-oposição que o jogo real impõe.

Outro aspecto ressaltado e que parece responder à boa parte das dúvidas aqui levantadas é o fato dos treinadores de crianças serem, geralmente, jovens em início de carreira, portanto, sem experiência.

Assim, para uma boa aprendizagem, o treino da técnica e da tática deve ser necessariamente executado dentro de uma base unificada no jogo.

Preocupado com a relação jogo-ensino e em pormenorizar o método dirigindo pressupostos para a educação esportiva, Ferreira (2002) propôs uma solução metodológica que se entende como uma evolução do treinamento integrado, ou seja, da proposta metodológica dos Jogos Esportivos Modificados de Bunker & Thorpe (1982), apresentando uma sequência de fases específicas de aplicação: a) as formas jogadas, b) os jogos reduzidos e c) os jogos modificados.

1.7.1 As formas jogadas

Trata-se da transformação de exercícios de predominância técnica, em que o caráter lúdico se manifesta por meio da existência de competição, de um sistema qualquer de pontuação, existindo ou não opositores reais. Os jogos de estafetas, jogos de lançamento ou remates de precisão, assim como jogos de passes limitados temporalmente ou pontuados pelo número de ações conseguidas, são todos exemplos de formas jogadas, sendo estes dois últimos jogos citados aplicados numa etapa mais avançada de maturação da criança.

1.7.2 Os jogos reduzidos

Como o próprio nome diz, são simplificações da formalidade competitiva dos JDC, caracterizando-se por tipos de competição que têm reduzidos o número de jogadores e o espaço em que o jogo acontece. Podem ser exemplificados pelo 1 x 1, 2 x 2, 3 x 3, passando também pelas formas de superioridade do ataque no caso do 2 x 1, 3 x 1, bem como pela superioridade da defesa, 1 x 2, 2 x 3 etc. São excelentes recursos didáticos que o treinador tem ao seu dispor para ensinar e treinar os objetivos técnico-táticos.

1.7.3 Os jogos modificados

São formas de organização do jogo não visando apenas aos aspectos técnicos, mas com ênfase tática, o que os relaciona aos jogos reduzidos, de modo que não resulta fácil sua diferenciação. Identifica-se pela mudança de um conjunto de variáveis estruturais do jogo formal: espaço, regra, tempo, técnica e tática, permitindo ao treinador centrar-se em determinado conteúdo de caráter mais tático.

Essa proposta, porém, sem qualquer fundamentação por parte do autor, merece ser mais bem fundamentada por nós, uma vez que subdivide melhor os jogos propostos por Bunker & Thorpe (1982), proporcionando melhor aplicação numa proposta desenvolvimentista capaz de respeitar as fases do desenvolvimento de crianças e jovens neles dispostos, aproximando aquilo que seria inicialmente uma proposta metodológica de treinamento a uma proposta metodológica de ensino da modalidade. Nossa preocupação em aproximar tal proposta dos preceitos de desenvolvimento humano cabíveis se dá pelo fato de essa forma de treinamento ser utilizada no ensino da modalidade há mais de vinte anos, seja ainda com o nome de método global ou método holístico, sem, porém, basear-se em qualquer preceito de desenvolvimento humano que acreditamos haver necessidade.

Assim, apesar da proposta de Ferreira (2002) não ser devidamente contemplada na literatura sobre futebol ou veiculada como forma de informar profissionais com relação à diferenciação de tais jogos, encontra-se convergência com a Cartilha do Futebol Holandês – KNVB Holland (1995) –, citação que esclarece sua utilidade e necessidade como método de ensino para o futebol, o que é o nosso primeiro passo no sentido de dar crédito a essa proposta.

KNVB Holland (1995) citou que é recomendado:

- *Para crianças de 5 a 6 anos*: propiciar jogos de habilidade em que direção, velocidade e precisão sejam importantes;
- *Para crianças de 6 a 11 anos*: propiciar habilidades técnicas descobertas por situações simplificadas de jogos de futebol, instrução de questões técnicas;
- *Para crianças e adolescentes de 12 a 16 anos*: propiciar o exercício de funções do *time* por zona e posição e instrução de assuntos técnico-táticos;
- *Para jovens de 17 e 18 anos*: propiciar jogos de treinamento.

Esse destaque por faixa etária, ressaltado pela Cartilha do Futebol Holandês, converge com a divisão dos jogos feita por Ferreira (2002) nos seguintes aspectos:

- a primeira faixa etária mencionada propicia algumas das situações de formas jogadas;
- a segunda faixa etária propicia os jogos reduzidos;
- a terceira propicia os jogos reduzidos, havendo possibilidades de gradual ascensão para os jogos modificados;
- a partir dos 17 anos de idade, os jovens estão mais dispostos ao chamado alto nível, bem como aos jogos modificados mais complexos que exigem mais dos aspectos físico, mental e técnico em níveis mais elevados.

Tal proposta de KNVB Holland (1995) respeita um processo de formação gradual, capaz de levar em conta os diversos momentos do desenvolvimento humano, bem como o gradual entendimento da modalidade esportiva em seu todo.

Tal cartilha, lançada em número limitado, foi o único documento do futebol encontrado a colocar essa explicativa. Cabe ressaltar, porém, que ela não é de fácil acesso aos profissionais, principalmente aqui no Brasil. Nela, os aspectos pedagógicos aparecem declarados, mas, sobretudo, existe uma preocupação com outro aspecto não menos importante – o biológico – que aparece citado de forma indireta. Tal fato favorece a boa sustentação à proposta de Ferreira (2002).

Pode-se estabelecer outra forte relação entre Ferreira (2002), KNVB Holland (1995) e também Martin (1988 apud Böhme, 2000) no que se refere a um modelo de Treinamento a Longo Prazo (TLP), cujo desenvolvimento de uma forma planejada e sistemática – com a duração média de seis a dez anos conforme a modalidade esportiva considerada – respeita os preceitos desenvolvimentistas para a educação humana. No caso do futebol, entende-se que tal modelo de dez anos de duração converge exatamente com o recomendado pela cartilha holandesa de futebol até atingir o alto nível – o que marca nosso segundo e mais importante passo para dar crédito científico à proposta de Ferreira (2002). Martin (1988), como se pode ver na figura abaixo, compara o modelo ideal ao que acontece na prática:

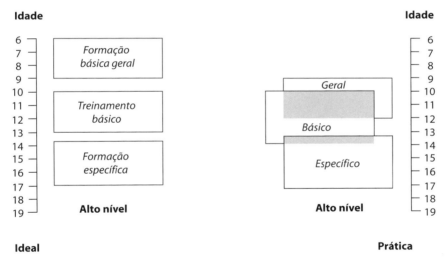

FIGURA 1.8 – Modelo de formação esportiva em longo prazo – modificado de Martin (1988).

Comparando esse modelo com as proposições de Ferreira (2002) e KNVB Holland (1995), são perceptíveis convergências.

A *Formação Básica Geral* deveria ocorrer no período da grande infância para ter estimulado um amplo repertório motor, com as vivências motoras de forma simples e combinada, tendo enfatizado o desenvolvimento das capacidades coordenativas: o período dos exercícios e jogos de estafetas, bem como os jogos de precisão, passando para os jogos reduzidos menos complexos em que a ênfase é desenvolver a criança na sua plenitude, usando não somente os pés, mas também as mãos e todo o corpo, visando movimentar-se de modo geral.

Em sequência, dando início à segunda fase, o autor cita que a criança deveria passar por um *Treinamento Básico* no qual receberia as informações básicas da modalidade com relação à técnica individual e coletiva da modalidade, ainda prevalecendo mais as informações de caráter técnico para depois completar essa fase com o período de *Formação Específica,* em que a criança receberia as informações de caráter mais complexas do ponto de vista técnico-tático, obtendo experiências competitivas e atingindo gradativamente níveis de desempenho esportivo até o alto nível.

A última fase corresponderia ao *Treinamento de Alto Nível*, em que seria dada ênfase na preparação específica do atleta.

Como pudemos ver, Martin (1988) sugere ainda um modelo prático no qual, segundo ele, o período de Formação Básica Geral confunde-se com o período de Treinamento Básico, adentrando-o, e o período de Treinamento Básico confunde-se com o período de formação Específica, invadindo-o.

Em síntese, buscamos fundamentar a proposta metodológica de Ferreira (2002) que, salvo melhor juízo, não foi fundamentada pelo autor, tomando como base preceitos de desenvolvimento humano (Martin, 1988) acrescidos de procedimentos metodológicos (KNVB Holland, 1995), o que mostra a possibilidade de novos caminhos capazes de tornar tal método (até então relacionado como um método de *treinamento*) em um método de *ensino*. Por causa dessa mudança de perspectiva, durante nossa defesa de dissertação de tese de mestrado em Educação Física, o professor doutor Miguel Arruda (Unicamp), que compôs a banca em companhia da professora doutora Maria Regina Ferreira Brandão, sugeriu que tomássemos posse como autores do método, o que julgamos pertinente lidimar e defender numa nova denominação no caso de sua utilização com crianças e jovens até 16 anos de idade: método integrado de ensino.

Após os cursos em que temos tido a oportunidade de ministrar nos principais congressos e encontros nacionais e internacionais, tal método ganhou, também entre os alunos, a denominação popular de "método Apolo" de ensino dos Jogos Desportivos Coletivos.

1.8 O treinamento integrado na literatura brasileira sobre futebol

Verificada a literatura mais recente sobre futebol, várias formas dos jogos do treinamento integrado aparecem em dois livros reeditados no Brasil e extremamente consultados por professores e técnicos de futebol, no quais se apresentam os jogos respectivamente de forma pouco sequencial (Rius, 2003, p. 112-3, 245, 250, 253; Sans Torrelles e Frattarola Alcaraz, 2003, p. 37, 100, 102). Em Rius (2003), percebe-se a omissão de princípios básicos importantes, que se fazem presentes nas propostas de ensino de Ferreira (2002) e KNVB Holland (1995). Ou seja, não menciona objetivos e faixas etárias a que se destinam os jogos, não especifica se os jogos são destinados à iniciação ou ao treinamento da modalidade. Sans Torreles e Frattarola Alcaraz (2003) apresentam os *jogos técnicos-táticos* para crianças de 6 a 11 anos e limitam-se ao fato de não apresentar um gradual nível de dificuldade de cada objetivo exemplificado, demonstrando apenas um exemplo de cada objetivo, numa variedade de jogos com objetivos diferenciados. Limitando a apresentação dos exemplos desses jogos na faixa etária dos 11 anos, não apresenta um processo gradual capaz de ultrapassar a fase de aplicação dos jogos de caráter técnico. Assim, os autores não se demonstram capazes de estender tais exemplos de jogos também às formas de jogos com caráter táticos e complexos, indicados pela literatura às idades acima dos 12 anos.

Tal fato demonstra maior preocupação com a *performance* e o resultado que com um método voltado à iniciação esportiva, capaz de acompanhar o jovem nas suas diversas idades durante o período de formação.

Esses dois autores, que em síntese trabalham com crianças e jovens, além de não citarem como referência em seus trabalhos os idealizadores de tais jogos, Bunker & Thorpe (1982), seguem uma linha de criação de exercícios diversos com o objetivo único de proporcionar aos professores e técnicos um grande número de conteúdos para aplicar. Não apresentam suficiente embasamento em pressupostos metodológicos – como nos preocupamos em fazer aqui de forma científica – para o ensino da modalidade, permitindo dar sequência às informações que há mais de duas décadas parecem impedir o treinamento integrado de seguir uma trajetória especialmente voltada para a iniciação esportiva de qualidade.

Essa comparação de bibliografias mostra duas tendências preocupantes: na linha de Rius (2003), entende-se que tais exercícios servem para serem aplicados nos mais diversos níveis de maturação existentes ao longo do processo de formação, sem identificar conteúdos quanto a objetivos e faixas etárias indicadas. Para Sans Torreles e Frattarola Alcaraz (2003), nos parece que falar de aprendizagem do jogo por intermédio de jogos educativos é sinônimo de mostrar-se atualizado ou moderno, tendo acompanhado a evolução do treinamento da modalidade, por mais que a informação se demonstre incompleta. Exatamente por isso, é possível estabelecer comparações convergentes entre os dois livros citados e divergir de suas ideias ao veicular aquilo que nomeamos e agora entendemos como método integrado de ensino, sustentado por KNVB Holland (1995) e Martin (1988), que proporciona um melhor entendimento de quando, como e por que utilizar tais jogos. Em nenhum momento, condenamos os jogos dispostos nesses livros, pois são jogos excelentes e corretos. Condenamos, sim, a forma como os jogos aparecem dispostos, sujeitos à má aplicação por seus leitores em razão da falta de informações, sobretudo de preceitos de desenvolvimento humano cabíveis.

O desconhecimento do técnico ou professor a respeito dessas metodologias de ensino pode não causar danos evidentes e de curto prazo aos alunos, todavia, pode deixar de desenvolver aspectos importantes, como visão global de jogo, atitude cooperativa ou até mesmo a autonomia de procedimentos e a criatividade. Além disso, a falta de entendimento e a má aplicação desses métodos pelo professor acabam exigindo dos alunos menos ou mais do que, teoricamente, estariam preparados para aprender ou realizar, respeitando pontos de vista biológico e psicológico. Como exemplo, numa perspectiva biológica, o aluno, deixando de fazer aquilo que supostamente está em condições físicas e mentais de realizar, será prejudicado. Numa perspectiva psicológica, o aluno sendo obrigado a fazer aquilo que supostamente não está preparado para realizar poderá ser excessivamente cobrado.

Cuidado: Livros sem o teor científico esperado podem disseminar ideias pequenas e incompletas, bem como colaborar para uma prática docente sem reflexão profunda e adequada ao pleno desenvolvimento dos alunos.

A intervenção pedagógica no ensino do futebol como foco de mudanças

Muito se aprende ao longo dos acontecimentos da história num mundo que muda a cada segundo. A primeira grande revolução mundial foi a Revolução Industrial.

A mesma velocidade que levou o homem à alta produção, a construção e ao desenvolvimento das máquinas que substituíram o trabalho humano, levaram também o homem ao caos, sobretudo da destruição do meio ambiente. Mais tarde, a segunda grande revolução mundial foi a Revolução Ecológica, a qual o homem buscou a todo custo tomar consciência dos danos causados à natureza e sobrevivência, tentando resolver os problemas que colocavam em risco sua própria existência. Essa preocupação em entender seus feitos e corrigi-los levou o homem a caminhar para a terceira grande revolução mundial: a Revolução Humana. Nela, pormenorizar todos os problemas construídos ao longo dos anos, nos mais diversos sistemas, tornou-se o grande desafio para o século XXI.

O futebol, não diferente de qualquer outro sistema que se tornou complexo, também precisa buscar respostas para seus pormenores. A última década do século passado marcou uma grande evolução da pesquisa científica em Educação Física. Ramos (1998) afirma que, antes da evolução do futebol, é preciso cada vez mais pormenorizar o movimento, buscando respostas eficazes.

Nesse processo de descobertas das possibilidades e necessidades humanas, o professor deverá ter um papel ainda mais importante. Ao que tudo indica, necessitará ter o olhar voltado para o todo, partindo do microscópico para o macroscópico, do fragmento para o complexo.

Feynman (1999), ao falar da visão da totalidade, observou a descaracterização do mundo mediante a fragmentação do todo. Comum é tentar treinar, fortalecer, desenvolver partes do ser humano, esquecendo que, se o ser humano for dividido em partes, deixar-se-á de tê-lo em sua integralidade. Porém, se considerado que as relações entre as partes formam o todo, ele será encontrado ao final de um processo educativo em sua plenitude para aquele determinado momento.

Essa maneira de enxergar o mundo em ordem inversa necessita de uma atenção maior. Frases como a *ordem dos fatores não altera o produto*, comumente deturpada na linguagem popular como a *"ordem dos tratores não altera o viaduto"*, são questionáveis quando aplicadas ao fenômeno humano, uma vez que a ordem dos fatores pode sim mudar sua configuração, seu comportamento, dependendo da sua situação relacional e alterar o produto. Melhorar a adequação da educação esportiva buscando ajustar métodos e conteúdos aos verdadeiros objetivos do ensino de crianças e jovens que respeitem, sobretudo, sua maturação é o desafio pedagógico esportivo para o século XXI.

Na educação de forma geral, no contexto da Educação Física e, mais especificamente no ensino do futebol, existe apenas a preocupação extrema em formar o específico desde cedo, nem que para isso seja necessário "queimar etapas". O professor parece não ter a preocupação necessária em conhecer mais a fundo as metodologias, explorar os diversos modos de ensinar, as variadas formas de descobrir os muitos tipos de manifestação da inteligência.

Quando Ramos (1998) afirma que a maior dificuldade em integrar o treinamento é "encontrarmos metodologias para aproximar o treinamento da realidade do que acontece em competição", observa-se, de início, que existe a preocupação em resolver as questões específicas, mas, ao mesmo tempo, em empreender uma análise mais profunda. Essa constatação se aproxima ainda mais daquilo que pressupõe Perrenoud (2000) quando fala sobre a capacidade de organizar e dirigir situações de aprendizagem, citando que não basta somente conhecer a metodologia, mas conseguir colocá-la no universo dos aprendizes que, por motivos diversos, estão ali recebendo e entendendo a atividade proposta, com suas limitações, talentos, deficiências e qualidades, com a intenção de solucionar situações-problema.

Entende-se também que a condução de toda e qualquer metodologia pode correr o risco de ser estanque, ou optar por percorrer caminhos que despertem a curiosidade dos alunos e permitir, sobretudo, maior informação daquilo a que estão se submetendo. Com isso, o professor é a figura insubstituível e de maior importância, que faz a grande diferença no processo de ensino-aprendizagem, na forma como é capaz de entender e conduzir a educação esportiva.

Quando Perrenoud (2000) afirma que é necessário trabalhar com base nas representações dos alunos, entende-se o porquê os professores mantêm-se limitados às posições de senso comum e estão centrados na formação dos garotos especificamente para a competição, tendo em vista a competitividade imposta ao mundo em todas as esferas e campos profissionais, muitas vezes sem respeitar pressupostos metodológicos da atividade e da maturação de seus alunos.

É difícil, entretanto, compreender que um professor, com todo acesso possível à informação científica que há, não tenha o bom senso de respeitar esse desenvolvimento natural e não consiga ver também a importância naquilo que o aluno carrega consigo no que tange a valores e aprendizagem, sujeitos ainda a realidades diferentes. É difícil compreender também que ele não se baseie nessas condições para educar, objetivando necessidades e não aplicando qualquer metodologia de forma única como se servisse igualmente para todos, sem precisar criar ou variar estratégias, sem precisar levar em consideração o ser humano subjetivo que tem em mãos. Adiante, esta nossa colocação ficará mais clara quando falarmos de ressignificação.

Aula, um universo de métodos e possibilidades no ensino de jovens

Mediante tudo o que vimos até então, acreditamos na diversidade dos métodos de ensino para a plena formação do homem no esporte. Dessa forma, todos os métodos anteriormente discutidos têm sua importância no processo de ensino–aprendizagem, uma vez que o ser humano é multifacetado e necessita de toda a informação possível a todo o momento.

Respeitando logicamente os preceitos de desenvolvimento humano de Martin (1988) anteriormente citados, acreditamos que a criança disposta ao ensino do futebol, bem como às demais modalidades esportivas dos Jogos Desportivos Coletivos, num primeiro momento, deva receber informações além da fase denominada Formas Jogadas (método integrado de ensino). Acreditamos que, nessa fase que transita entre 5 e 6 anos de idade aproximadamente, deva ser dada ênfase, durante a aula propriamente dita, às formas jogadas, além de exercícios do método analítico, porém, também devem ser utilizadas em outras partes da aula dos exercícios e jogos do método cooperativo, tanto quanto das brincadeiras do método recreativo e de atividades diversas que privilegiem a aquisição dos padrões fundamentais do movimento. Num segundo momento, que transita aproximadamente dos 7 aos 12 anos de idade, acreditamos que, durante a aula propriamente dita, deva-se dar ênfase à fase denominada Jogos Reduzidos (método integrado de ensino). Acreditamos, porém, que as formas jogadas, assim como os outros métodos anteriormente utilizados e citados devam continuar sendo aplicados livremente em outros momentos da aula. Já numa terceira fase, que compreende os 13 aos 17 anos de idade, acreditamos que a ênfase durante a aula propriamente dita seja na fase denominada Jogos Modificados (método integrado de ensino), sendo as formas jogadas e os jogos reduzidos também utilizados em outras fases da aula, assim como os demais métodos colocados. Teremos, dessa forma, uma aula rica em conteúdos diversificados, respeitando, sobretudo, a maturação do aluno em questão.

Compreendemos, assim, que o método integrado de ensino – o popular "método Apolo" –, apesar de respeitar fases do desenvolvimento humano em suas três fases específicas de aplicação, não se apresenta de forma estanque, ou seja, não deve ser compreendido como se cada fase fosse utilizável somente durante determinado período do desenvolvimento humano.

Acreditamos ainda na importância da aplicação do jogo de futebol no final da aula, e, até por volta dos 12 anos de idade, esses jogos não necessitam nem devem ser trabalhados na perspectiva do 11 x 11, utilizando todo o campo. Acreditamos que a aula deva se estender com base na aula propriamente dita, sobretudo quando da utilização dos jogos reduzidos para crianças entre 6 e 12 anos de idade, em que as regras podem ser construídas e adaptadas em campo reduzido. Cremos, porém, ser esse tipo de enfrentamento de 11 x 11, utilizando campo inteiro, importante sempre na parte final das aulas com jovens a partir dos 13 anos de idade, fato em que convergimos com Ferreira (2002) e com KNVB Holland (1995).

Acreditamos também que a escola de futebol deva privilegiar mais que futebol e que seja capaz de ensinar mais que jogar, dando espaço para que o aluno discuta e desenvolva o tema futebol em outras perspectivas, como aprender as diversas formas de futebol existentes: o futebol de botão, o pebolim, além dos jogos característicos de cada região, como a *rebatida*, o *gol a gol*, *dentro e fora*, entre outros jogos da cultura popular brasileira. Numa perspectiva próxima a Gardner (2003), acreditamos que, por intermédio do futebol, podemos também trabalhar as diversas inteligências de que o homem é detentor. Assim, ao estimular, por exemplo, o pintar o futebol, o declamar, o cantar, o descrever o futebol, ou ainda, os exercícios que estimulem cálculos matemáticos, estaremos incentivando o desenvolvimento das inteligências múltiplas. Logicamente, numa perspectiva de ensino de modalidade esportiva, nunca se deve utilizar desses recursos no horário destinado às aulas práticas, estudar essa forma de intervenção pedagógica em horários extras é também de sumária importância para a formação humana, como poderemos ver mais adiante em Atividades Extraclasse.

Nossa pesquisa de campo

Baseado em tudo o que discutimos até o momento e como forma de averiguar os métodos utilizados pelos professores de escolinhas de futebol e seu conhecimento a respeito daquele que é o método mais recente na evolução do treinamento e ensino da modalidade (método integrado de ensino), realizamos uma interessante pesquisa de campo que iremos expor e discutir a seguir.

Logicamente, seria inviável e pouco útil publicar a pesquisa realizada em sua íntegra, por isso, preferimos resumi-la, criando sugestões para facilitar a compreensão do leitor e assim atingirmos nosso principal objetivo que é colaborar com o conhecimento docente. Acreditamos que esta pesquisa, uma vez absorvida pelo leitor, é capaz de colaborar significativamente para a melhora da prática docente e contribuir para que professores, ao planejar suas aulas, disponham dos variados e importantes métodos mais adequados ao ensino da modalidade e às suas diversas faixas etárias em questão. Citamos ainda que a pesquisa original pode ser adquirida na íntegra na Universidade São Judas Tadeu (SP) com o título: Treinamento Integrado como Intervenção Pedagógica no Ensino do Futebol.

4.1 Pormenorização do método integrado de ensino no futebol com base em uma investigação feita em escolinhas de futebol na Região da Costa da Mata Atlântica brasileira

Como já vimos anteriormente, vivemos o mais recente e quarto período, denominado Período Integrado. Período esse caracterizado pelo treinamento integrado, que surgiu após inúmeras discussões, colocado por intermédio de jogos educativos por Bunker & Thorpe (1982) e que teve na proposta metodológica de ensino mais recente, de Ferreira (2002), fundamentada por nós – Lopes (2006) –, uma adequada utilização à criança, respeitando preceitos de desenvolvimento humano inerentes a um trabalho de educação esportiva. Em meio a essa evolução, sem perceber, vivemos um período em que se caracteriza a Revolução Humana. O homem e todos os sistemas a que esteve submetido ao longo do século XX estão sendo pormenorizados pela Ciência neste novo século, nas mais diversas áreas de atuação. O futebol, não diferentemente dos acontecimentos científicos do mundo, está tendo sua pormenorização, seja no que se refere à educação esportiva ou ao processo de competição de alto nível. A nós, neste estudo, cabe a pormenorização de um sistema relacionado à área de Intervenções Pedagógicas na Educação Física e Esporte, ocasionado pela evolução metodológica e pela prática de ensino do homem. Sistema que, como qualquer outro, apresenta seus problemas e exige resoluções urgentes, de forma que o homem – representado pela criança em aprendizagem esportiva – não seja prejudicado e possa desfrutar de métodos e práticas adequados à sua maturação e ao seu desenvolvimento. A pormenorização do treinamento integrado e o entendimento pleno daquilo que, durante a fundamentação, nomeamos como Método Integrado de Ensino (Lopes, 2006) pode contribuir nesse processo. Os resultados de nossa investigação científica, que teve como objetivos identificar métodos utilizados nas escolinhas de futebol e identificar o conhecimento de professores de escolinhas de futebol a respeito do treinamento integrado, geraram uma discussão de como melhor intervir no ensino da modalidade, proporcionando a professores, técnicos e treinadores não somente um melhor entendimento sobre desenvolvimento humano, mas, sobretudo, compreensão de aspectos particulares do ensino da modalidade, capazes de melhorar a prática docente.

4.1.1 Descrição metodológica

Realizamos uma pesquisa qualitativa descritiva com abordagem fenomenológica. Thomas e Nelson (2002) descreveram esse tipo de pesquisa como um estudo de *status,* muito comum na educação sob a premissa de que, por meio de relatos objetivos e completos, pode-se contribuir de forma singela para a melhoria da prática docente.

Baseamo-nos em Silva (1991) que, por sua vez, colocou que o fenômeno deve ser desvelado em seu ambiente natural, ou seja, em nosso caso, as escolinhas de futebol onde o fenômeno é comum. A mesma autora colocou também que o fenômeno é perspectival, ou seja, sujeito à subjetividade do pesquisador e da Região de Inquérito. Para o quê julga-se que esse pesquisador tenha se preparado não somente no aspecto acadêmico, mas pela vivência. Referimo-nos aqui à vivência como ex-atleta da modalidade tanto quanto aos muitos anos trabalhando como professor na educação esportiva, o que facilita abordar esse fenômeno. Da mesma forma que a autora quando se referiu à subjetividade da região quis dizer que aquilo que encontramos em determinada região pode não ocorrer em outra, apesar de retratar uma realidade que não pode ser descartada e deve ser compreendida como amostra de uma realidade.

A Costa da Mata Atlântica foi a região investigada, inicialmente por ser a região de domicílio do pesquisador, depois por ser reveladora de inúmeros talentos para o futebol brasileiro e mundial, o que fez o atleta do século e grande ídolo mundial do futebol, Edson Arantes do Nascimento – Pelé – inaugurar a primeira escola de futebol com seu nome naquela região.

Para que não tivéssemos responsabilidade de escolher as três escolas onde iríamos desenvolver a pesquisa – em três categorias específicas, Sub-5; Sub-9 e Sub-15 –, consultamos professores de Futebol de três universidades daquela região, a fim de nos indicarem as escolas. Pedimos a cada um deles que sugerissem cinco escolas, para que pudéssemos construir um *ranking,* colocando por ordem das escolas mais lembradas. Esses mesmos professores também opinaram com relação ao instrumento criado por nós para as observações de campo, o que nomeamos como *lista de aspectos a serem observados* (que consta no anexo deste livro) e que continha todos os métodos de ensino do futebol, o que na pesquisa foi detalhadamente descrito durante a fundamentação do estudo, remontando à evolução histórica do treinamento/ensino do futebol, passando por todos os períodos até chegar ao integrado.

Observamos cada categoria durante duas semanas, e cada escola dispunha de duas aulas por semana para cada categoria investigada.

Para a entrevista, colhemos dados pessoais dos entrevistados e dados referentes ao trabalho desenvolvido com as categorias, tendo a seguinte questão geradora da pesquisa: "O que você poderia me dizer a respeito do método integrado de ensino, ou seja, aquele que aproxima o treinamento à realidade do jogo por meio de jogos educativos?"

Com base nessa questão, dividimos os discursos dos professores em unidades de significado, depois, passamos para a linguagem do pesquisador, compondo finalmente a Matriz Nomotética capaz de expressar a análise idiográfica dos entrevistados.

4.1.2 Amostras

A primeira etapa das amostras foi referente às escolas sugeridas pelos professores universitários que indicaram um total de sete escolas, dentre as quais, depois de montar um *ranking*, sentimo-nos à vontade para escolher três escolas sede da pesquisa. Optamos por escolher três escolas dentre sete indicadas a fim de dificultar a identificação das escolas em que estivemos.

A segunda etapa, a das observações de campo, transcorreu tranquilamente durante duas semanas. Observamos as três categorias anteriormente citadas, em cada escola, colhemos praticamente todos os dados que necessitávamos para compor nossos resultados – como veremos adiante – e para abrir nossas discussões na pesquisa. Essas discussões, porém, não poderiam ter sido realizadas sem a comparação das amostras das entrevistas que compreenderam a terceira etapa de coleta. As entrevistas mostraram-se reveladoras quando comparadas à prática anteriormente observada.

Dentre as amostras da categoria Sub-05, uma (Escola 1) demonstrou não trabalhar com essa categoria. As outras duas amostras demonstraram que aquilo que era utilizado pelos professores das outras duas escolas condizia com a literatura do futebol – KNVB Holland (1995) e os preceitos de desenvolvimento humanos de Martin (1988) indicavam como adequado à faixa etária em questão. Por sua vez, amostras da categoria Sub-09 nos mostraram um considerável excesso de exercícios analíticos. Já a categoria Sub-15 demonstrou, por meio de uma das escolas (Escola 1), utilizar o treinamento compartimentado, ou seja, o treinamento dividido em partes – modelo adulto de alto nível – não convergente, tanto a literatura do futebol quanto a literatura que trata sobre preceitos de desenvolvimento humano, anteriormente citados, colocavam como adequado à faixa etária. Segundo ambas as literaturas, o modelo voltado ao alto nível deve ser utilizado somente a partir dos 17 anos de idade. As outras duas escolas nessa categoria apresentaram, porém, um trabalho convergente com essas literaturas e, portanto, adequado.

Quadro 4.1 – Escolas indicadas pelos professores universitários para a realização da pesquisa

Profissionais	Escolas Indicadas
P1	1° Santos F.C./ Meninos da Vila – Unidade Ponta da Praia 2° Santos F.C/ Meninos da Vila – Unidade Jabaquara (Campo da Eletropaulo) 3° Litoral F.C. – Escolinha do Pelé 4° A.E. Portuguesa Santista 5° NÃO INDICADA
P2	1° Santos F.C./Meninos da Vila – Unidade Ponta da Praia 2° Litoral F.C. – Escolinha do Pelé 3° Itapema F.C. 4° Escolinha do ex-jogador Pita – Bairro do Casqueiro 5° Escolinha da Prefeitura Municipal de Praia Grande

Continua

Continuação

Profissionais	Escolas Indicadas
P3	1º Santos F.C./Meninos da Vila – Unidade Ponta da Praia 2º Brasil F.C 3º Santos F.C./Meninos da Vila – Unidade Jabaquara (Campo da Eletropaulo) 4º Litoral F.C. 5º Unimonte

Lembramos que um dos professores universitários indicou apenas quatro escolas, alegando serem poucas as escolas que oferecem qualidade no ensino na região.

Quadro 4.2 – Classificação final das escolas mais citadas pelos professores universitários

Classificação	Escolas	Número de indicações				
		1º lugar	2º lugar	3º lugar	4º lugar	5º lugar
1º	A	3	–	–	–	–
2º	B	–	1	1	1	–
3º	C	–	1	1	–	–
4º	D	–	1	–	–	–
5º	E	–	–	1	–	–
6º	F	–	–	–	1	–
6º	G	–	–	–	1	–
7º	H	–	–	–	–	1
7º	I	–	–	–	–	1

A – Santos F.C./Meninos da Vila – Unidade Ponta da Praia – Santos – SP
B – Litoral F.C. – Escolinha do Pelé – Santos – SP
C – Santos F.C./Meninos da Vila – Unidade Jabaquara – Santos – SP
D – Brasil F.C. – Santos – SP

E – Itapema F.C. – Guarujá – SP
F – A.E. Portuguesa Santista – Santos – SP
G – Escolinha do Pita – Cubatão – SP
H – Unimonte – Santos – SP
I – Escolinha da Prefeitura Municipal de Praia Grande – Praia Grande – SP

4.1.3 Protocolos utilizados

Utilizamos a observação de campo, passando duas semanas em cada escola, acompanhando as três categorias (Sub-5; Sub-9 e Sub-15), salvo a Escola 1 que não trabalhava com a categoria Sub-5, o que não atrapalhou as observações dessa categoria, pelo contrário, nos favoreceu quando comparada aos dados das outras duas categorias da mesma escola. Buscamos, assim, compreender os verdadeiros motivos pelos quais essa escola não trabalhava com essa categoria.

Para as observações de campo, utilizamos o instrumento de pesquisa (que consta no anexo deste livro) anteriormente aprovado e elogiado pelos professores especialistas e que nos serviu muito bem, contendo praticamente todos os métodos que poderíamos encontrar durante as sessões de aula observadas. No último dia das observações em cada escola, após o final da última coleta desses dados, os professores foram submetidos a entrevistas. A análise idiográfica, feita a partir dos discursos dos professores, foi criteriosamente dividida por unidades de significado, passando depois para a linguagem do pesquisador para finalmente compor a Matriz Nomotética. Tal matriz foi capaz de mostrar uma diversidade de ideias em que a maior parte dos professores mostrava pleno conhecimento do método averiguado – no discurso –, não fosse comparar suas ideias à prática, o que nos levou a compreender que metade dos entrevistados não aplicava de forma condizente o método de acordo com aquilo que falava dele.

4.1.4 Descrição dos resultados das observações de campo

Lembramos que foram observadas em cada escola duas sessões das aulas existentes por semana, somando um total de quatro aulas em cada categoria, em cada escola. A opção por observar duas semanas em cada escola se deu pelo fato de ser um prazo relativamente longo, para que os profissionais modificassem suas práticas diárias.

4.1.4.1 Resultados das observações de campo na categoria Sub-5

Uma das escolas não trabalhava com essa categoria (Escola 1), o que não atrapalhou nossas observações, uma vez que tanto na Escola 2 como na Escola 3 pudemos observar durante as aulas que os professores utilizavam muito bem tanto o método analítico quanto o método integrado, ambos recomendados para o trabalho com essa faixa etária. De forma geral, tais professores demonstraram lidar muito bem com a criação de exercícios analíticos, adaptando os exercícios de maneira a favorecer a aquisição dos padrões fundamentais do movimento. O professor da Escola 3 – profissional, então, com 18 anos de vivência –, em razão de sua experiência infinitamente superior a do professor da Escola 2 – recém-formado –, demonstrou lidar de forma mais criativa na formulação dos exercícios. Tal amostra demonstrou que professores dessa categoria naquela região estão bem informados ao que diz respeito à criança no esporte. Com relação à utilização do método integrado, constatamos que os dois professores lidaram muito bem com jogos do método, utilizando formas jogadas e jogos de estafetas, assim como é preconizado pela literatura do futebol para essa faixa etária por intermédio da KNVB Holland (1995).

Observamos o seguinte em cada uma das escolas nessa categoria:

Escola 1

Essa escola não trabalha com essa categoria. Porém, esse dado permite levantar questões a respeito da necessidade de compreender a intencionalidade de um projeto de formação humana e de atletas que optam por não trabalhar com categorias menores. Pelo que se acompanhou em outras escolas, cujos dados ver-se-á a seguir, o trabalho com essa faixa etária é comum, uma vez que é capaz de viabilizar a aquisição dos padrões fundamentais do movimento humano, bem como favorecer a inclusão social e o desenvolvimento sadio da criança, permitindo desde cedo interiorizar o gosto pela prática de esportes, associado à compreensão de sua importância e necessidade.

Escola 2

Quadro 4.3 – Síntese das aulas observadas na Escola 2 – categoria Sub-5

Aula observada	Aquecimento	Desenvolvimento	Parte final
1ª	Exercícios analíticos Jogos de estafeta	Jogos de remates de precisão	Jogo coletivo em campo reduzido
2ª	Corrida em volta do campo e alongamentos	Circuito de exercícios analíticos com bola	Jogo coletivo em campo reduzido

Continua

Continuação

Aula observada	Aquecimento	Desenvolvimento	Parte final
3ª	Aquecimento recreativo Alongamentos	Exercícios analíticos com bola	Jogo coletivo em campo reduzido
4ª	Aquecimento recreativo	Jogos de lançamento	Jogo coletivo em campo reduzido

Como pudemos observar, a primeira aula observada apresentou, durante o período de aquecimento, duas manifestações de exercícios analíticos representados respectivamente por exercícios em dupla de troca de passes rasteiros, posteriormente ainda em duplas, com uma criança jogando a bola, com as mãos, à meia altura para a outra devolver. Ainda nesse período, aconteceram duas atividades de jogos de estafetas representadas por competição entre filas de condução de bola. A aula propriamente dita constou de duas manifestações de jogos de remates de precisão, na qual o professor preparava a bola para as finalizações a gol. O jogo no final da aula foi organizado em um campo com dimensões aproximadas de 60 x 40 m.

A segunda aula apresentou, no período de aquecimento, uma volta correndo na pista de corrida ao redor do campo, seguida por exercícios de alongamento de membros inferiores, tronco e membros superiores. A aula propriamente dita contou com um circuito em que cada um, com uma bola, saía da fila e driblava cinco cones, conduzindo-a até outra estação a qual passava por trás de uma marcação, seguindo a condução de bola rumo à outra estação onde o professor aguardava os alunos para receber um passe e segurar a bola, enquanto eles saltavam por entre os bambolês. Após passar por essa estação, os alunos recebiam de volta a bola do professor e seguiam à última estação onde também driblavam cinco cones, voltando para a fila. O jogo foi organizado novamente em espaço aproximado de 60 x 40 m.

A terceira aula contou, no período de aquecimento, com uma brincadeira lúdica de pega-pega-corrente e alongamentos de membros inferiores e superiores. A aula propriamente dita contou com quatro exercícios analíticos de passe de bola em duplas, condução de bola (cada um com uma bola), drible (ao comando do professor). O jogo foi organizado em campo com espaço aproximado de 60 x 40 m.

A quarta e última aula observada nessa escola apresentou, em seu período de aquecimento, uma brincadeira pega-pega-ajuda-ajuda de muito bom gosto para uma proposta de acordo com o preconizado pela literatura da Educação Física para essa faixa etária. A aula propriamente dita contou com um jogo de lançamento, ou seja, arremesso da bola com as mãos ao gol.

Essa escola demonstrou total convergência com os exercícios analíticos propostos por Ramos (1988) e formas jogadas propostas por Ferreira (2002), por meio de jogos e remates de precisão e jogos de lançamento.

A identificação da utilização desses dois métodos específicos e distintos de ensino do futebol está também de acordo com o preconizado pela literatura da modalidade por intermédio de KNVB Holland (1995). Não sendo o bastante, as brincadeiras de pega-pega-corrente e pega-pega-ajuda-ajuda mostram claramente a falta de compromisso com uma formação específica para a modalidade e a convergência com um processo de desenvolvimento humano que estabelece relações com a literatura da Educação Física, mais precisamente na vasta literatura voltada para Educação Física escolar em suas séries iniciais.

Escola 3

Quadro 4.4 – Síntese das aulas observadas na Escola 3 – categoria Sub-5

Aula observada	Aquecimento	Desenvolvimento	Parte final
1ª	Exercícios de coordenação geral Brincadeira lúdica Alongamentos	Exercícios analíticos Jogos de precisão	Jogo coletivo em campo reduzido com uma cobrança de pênalti para cada criança
2ª	Circuito sem e com bola, visando à aquisição dos padrões fundamentais do movimento	Exercícios analíticos Jogos de remates de precisão	Jogo coletivo em campo reduzido
3ª	Brincadeira recreativa Exercícios gerais	Jogo de estafeta	Jogo coletivo em campo reduzido
4ª	Corrida Brincadeira lúdica Alongamentos	Exercícios analíticos	Jogo coletivo em campo reduzido

Como pudemos observar, a primeira aula observada durante o período de aquecimento foi adequada, estando em conformidade com aquilo que, anteriormente, citou-se no início deste trabalho a respeito dos exercícios de coordenação geral adequados para essa faixa etária, mediante a literatura da Educação Física, sendo válida ao desenvolvimento humano. É uma brincadeira integradora trabalhando em grupos de alunos.

Tais proposições preenchem bem esse período que antecede a aula propriamente dita. Durante a aula, os exercícios analíticos de condução de bola com finalização e jogos de remates de precisão também estavam de acordo com o preconizado em Ramos (1988), Ferreira (2002) e KNVB Holland (1995). O final dessa primeira aula foi marcado por cobranças de pênaltis pelos alunos, representando uma volta à calma.

A segunda aula observada também convergiu com Tani, Manoel, Kokubun e Proença (1988), uma vez que o "circuito" usado como aquecimento, percorrido inicialmente sem bola e depois com bola, continha em seu percurso agilidade entre cones, corrida entre bambolês, saltos com corda em meia altura e rolamentos para frente. A aula propriamente dita contou com um exercício de embaixadas com bola de borracha e depois com uma forma jogada representada por jogo de remate de precisão em que havia competição entre filas, visando acertar os seis bambolês dispostos no espaço entre as traves de gol, valendo cada um deles um número diferente de pontos.

A terceira aula observada contou, no período de aquecimento, com o jogo das imitações em que as crianças imitavam diversos animais e exercícios gerais de membros superiores e inferiores. A aula propriamente dita contou com um jogo de estafeta em que duas filas competiam em dois circuitos iguais, e a primeira estação era composta por cones, em torno dos quais realizavam-se dribles. A segunda estação era composta de aros para serem saltados; a terceira estação era composta de uma corda estendida para ser saltada, e a quarta estação, de um cone para os alunos fazerem a volta e o percurso de volta, tocando a mão do companheiro, dando sequência ao jogo. Vencia a fila em que todos completassem o percurso primeiro. O jogo no final da aula aconteceu em espaço aproximado de 60 x 40 m.

A quarta e última aula observada dessa categoria apresentou, no período de aquecimento, uma volta de corrida ao redor do campo com dimensões reduzidas; pega-pega-corrente e alongamentos de membros inferiores, tronco e membros superiores. A aula propriamente dita apresentou quatro exercícios analíticos para aquisição dos padrões fundamentais de movimento, utilizando bolas de borracha, tendo cada um uma bola. O jogo coletivo aconteceu em campo com dimensões de aproximadamente 60 x 40 m.

Essa escola demonstrou um trabalho diferenciado já a partir do período de aquecimento, quando se pôde observar a preocupação de proporcionar o movimento de formas variadas por meio de brincadeiras lúdicas de correr, formar grupos e imitar animais. Houve também a preocupação em proporcionar exercícios de coordenação geral, assim como a preocupação com o conhecer o próprio corpo, utilizando para isso exercícios de alongamento, não somente com o objetivo de alongar, mas também de possibilitar o reconhecimento de esquema corporal. Nessa escola, observou-se ainda a utilização do método integrado por meio das formas jogadas propostas por Ferreira (2002) por meio dos jogos de precisão e também da utilização dos jogos de estafetas. O método analítico também apareceu muito bem aplicado e, apesar de o trabalho nessa escola ser parecido com o da Escola 2, a experiência do professor prevaleceu e convergiu com a citação anterior de Ferreira (2002) no que se refere à importância da vivencia na área do profissional que trabalha com crianças. Em relação ao professor da Escola 2, relativamente novo na profissão, notou-se o fator essencial quanto à criação e aplicação dos exercícios e jogos, culminando na utilização de circuito de acordo com o preconizado pela literatura da Educação Física por Tani, Manoel, Kokubun e Proença (1988). Tal diversificação de métodos e variação de jogos e exercícios mostrou claramente a importância de explorar as diversas possibilidades e proporcionar vivências variadas para as crianças no esporte, preocupando-se, sobretudo, com a formação humana.

A utilização de cobranças de pênaltis no término da aula, após o jogo coletivo, representou uma volta à calma de boa escolha.

4.1.4.2 Resultados das observações de campo na categoria Sub-9

Nessa categoria, em que esperávamos uma redução da utilização de exercícios analíticos, verificamos um estimado aumento de sua utilização, aparecendo de forma preocupante durante o período de aula propriamente dita em duas escolas (2 e 3). A Escola 1, que utilizou em praticamente 100% de todos os períodos de aquecimento exercícios analíticos, durante a aula propriamente dita, utilizou demasiadamente formas jogadas (jogos de remates de precisão), demonstrando não somente estar em descompasso com o processo de desenvolvimento dos alunos – uma vez que para o período de aula propriamente dita nessa faixa etária é recomendada ênfase aos jogos reduzidos –, mas também excesso de preocupação com finalizações ao gol, sem aproveitar o tempo adequado de aula para aprimorar outros objetivos de igual ou maior relevância no aspecto técnico, proporcionando conteúdos mais próximos à realidade de jogo e às reais necessidades dessa faixa etária, sem os quais, uma vez em jogo inviabilizado, fica o processo de criação de situações (os caminhos) que levam à finalização.

Os jogos reduzidos utilizados pela Escola 1 nos pareceram mais aplicados como jogos comuns da cultura do futebol que jogos com caráter didático esclarecido (o *jogo do pé trocado, bobino simples*), sem conexões entre um exercício e outro capazes de demonstrar uma linha gradual de ascensão educativa. Dos jogos reduzidos utilizados pelas Escolas 2 e

3, poucos para um universo que deveria existir, verificamos que existe uma grande controvérsia entre discurso e prática quando existe a utilização, tanto do método analítico como do método integrado na aula propriamente dita. A nosso ver, o método integrado independe do método analítico, sendo inclusive uma evolução. Alguns dos jogos foram por nós posteriormente encontrados na literatura do futebol – Rius (2003) – livro esse que criticamos em nossa pesquisa, não pelos seus jogos apresentados, que são bons, mas por faltar informações primordiais, como objetivos definidos e, sobretudo faixa etária a que se destinam, o que nos chamou atenção para o fato de que não cabe confiar em tudo o que é publicado. Atentamos que neste livro, tais jogos aparecem compreendidos de forma fragmentada, citando sem especificar variados jogos referentes às três fases específicas de aplicação do método integrado de ensino a que pertencem. Esses professores podem estar utilizando ou não dessa literatura desinformada, mas, de qualquer forma, entendemos que não compreendem a fundo, como deveriam, por que e para que utilizar tais jogos.

Pudemos observar em cada uma das escolas, nessa categoria, o seguinte:

Escola 1

Quadro 4.5 – Síntese das aulas observadas na Escola 1 – categoria Sub-9

Aula observada	Aquecimento	Desenvolvimento	Parte final
1ª	Exercícios analíticos	Jogos de estafetas Jogos de precisão	Jogo coletivo

Continua

Continuação

Aula observada	Aquecimento	Desenvolvimento	Parte final
2ª	Exercícios analíticos	Jogos de estafetas Jogo reduzido	Jogo coletivo
3ª	Exercícios analíticos	Jogos de precisão Jogo reduzido	Jogo coletivo
4ª	Exercícios analíticos	Jogos de precisão Jogo reduzido	Jogo coletivo

Como pudemos observar no quadro, as observações dessa categoria, nesta escola, parecem revelar a utilização dos métodos analítico e integrado em fases específicas de cada sessão de treino.

A primeira aula observada apresentou quatro manifestações de exercícios analíticos utilizados como aquecimento, duas manifestações de jogos de estafetas e seis manifestações de jogos de precisão, como desenvolvimento ou aula propriamente dita, terminando com jogo coletivo na parte final da aula.

A segunda aula observada contou com cinco manifestações de exercícios analíticos utilizados como aquecimento, dois jogos de estafetas e uma manifestação de jogos reduzidos (em duas fases) como aula propriamente dita, tendo o jogo coletivo como parte final da aula. A manifestação de jogo reduzido foi o jogo do "pé trocado" em que inicialmente só podia usar o "pé fraco" para tudo (passar, driblar e finalizar) e numa segunda etapa podia usar os dois pés, mas somente podia finalizar com o "pé fraco".

A terceira aula apresentou duas manifestações de exercícios analíticos como aquecimento; como aula propriamente dita, observou-se uma manifestação de jogo reduzido traduzido como uma espécie de "bobinho" em que o "bobo" protegia um cone que ficava ao centro de um círculo de alunos que trocavam passes tentando derrubá-lo e, três manifestações de jogos de precisão, terminando essa aula com jogo.

A quarta e última aula observada dessa categoria apresentou três manifestações de exercícios analíticos como aquecimento, quatro manifestações de jogos de precisão, uma manifestação de jogos reduzidos como aula propriamente dita e jogo como parte final da aula. A manifestação de jogo reduzido observada foram jogos de enfrentamento de 4 x 4 em minicampos de aproximadamente 15 x 15 m, marcados por cones.

Os exercícios analíticos observados se resumiram a exercícios individuais com bola ou em duplas, nos quais se trabalhavam, em especial, o gesto motor do passe, o domínio de bola, o cabeceio, a finta e a condução de bola.

Os métodos analítico e integrado são utilizados por essa escola, e, no método integrado, acompanhou-se a aplicação dos jogos de precisão, dos jogos de estafetas e do jogo reduzido. Essa miscelânea de métodos observada não traz prejuízos aos aprendizes, pois não há problemas na mistura dos métodos, desde que bem disponibilizados durante as fases de aula cabíveis a cada um. Questionou-se inicialmente nessa faixa etária a quantidade de exercícios analíticos com bola durante o período de aquecimento. Pode-se verificar que seria adequado, já nessa fase das aulas, a utilização também e principalmente das formas jogadas (corridas de estafetas e jogos de precisão), por aproximar muito mais o treinamento da realidade do jogo, além de serem atividades que despertam muito mais motivação nos alunos.

Durante o período da aula propriamente dita, viu-se a utilização do jogo reduzido dividindo espaço com as formas jogadas que aconteciam em maior escala. Fato que não converge com KNVB Holland (1995) que coloca como o mais indicado para o corpo os jogos reduzidos para essa faixa etária.

Observou-se também que no período final das aulas sempre foi utilizado o jogo coletivo que tomava um bom tempo das aulas. O conhecimento pleno dos jogos reduzidos, nesse caso, pode acarretar a diversificação da aplicação do jogo e uma possível melhora da divisão e do aproveitamento do tempo de aula.

Talvez a falta de conhecimento em diferenciar métodos e principalmente seus jogos seja fator que influencie de maneira determinante na divisão dos períodos de aula, impedindo uma melhor diversificação dos exercícios.

Escola 2

Quadro 4.6 – Síntese das aulas observadas na Escola 2 – categoria Sub-9

Aula observada	Aquecimento	Desenvolvimento	Parte final
1ª	Exercícios analíticos Jogos de estafetas Jogos de remates de precisão	Jogo reduzido	Jogo coletivo em campo reduzido
2ª	Corrida em volta do campo Alongamentos	Exercícios analíticos	Jogo coletivo em campo reduzido
3ª	Brincadeira recreativa Alongamentos	Exercícios analíticos	Jogo coletivo em campo reduzido Cobrança de pênalti
4ª	Exercícios analíticos Jogo de estafetas	Jogos reduzidos	Jogo coletivo em campo reduzido

Nessa escola, a primeira aula observada nessa categoria apresentou durante o aquecimento três manifestações de exercícios analíticos representados, respectivamente, por exercícios em dupla de troca de passes rasteiros, a meia altura e cabeceios, duas atividades de jogos de estafetas representadas por competição entre filas de condução de bola e duas manifestações de jogos de remates de precisão. A aula propriamente dita contou com um jogo reduzido em que diversos golzinhos marcados com cones espalhavam-se por um espaço de aproximadamente 20 x 20 m. As duas equipes em número igual de jogadores tentavam marcar gols nesses golzinhos, passando a bola através deles, ou seja, conseguindo completar um passe entre dois jogadores de uma mesma equipe, por entre eles. O jogo coletivo aconteceu em espaço aproximado de 60 x 40 m.

A segunda aula observada apresentou uma volta de corrida na pista ao redor do campo e exercícios de alongamento de membros inferiores, tronco e membros superiores. A aula propriamente dita contou com três variações de exercícios analíticos em que os alunos em duplas, um de frente para o outro, inicialmente trocaram passes, depois conduziam a bola até o meio do espaço que separava os dois para executar o passe, finalizando com exercício sequencial ao anterior em que se acrescentava a "pedalada" sobre a bola na condução de bola até o meio do espaço entre ambos para fazer o passe ao companheiro. O jogo coletivo aconteceu em espaço aproximado de 60 x 40 m.

A terceira aula, no período de aquecimento, contou com um pega-pega-ajuda-ajuda e alongamentos de membros superiores, tronco e membros inferiores. A aula propriamente dita contou com três exercícios analíticos de passe, condução de bola e domínio de bola (coxa, peito e peito do pé). O jogo aconteceu em espaço aproximado de 60 x 40 m e, no final, cada aluno bateu um pênalti antes de ir embora.

A quarta e última aula observada dessa escola nessa categoria apresentou, no período de aquecimento, três variações de exercícios de passe em duplas e um jogo de estafetas. A aula propriamente dita apresentou dois jogos reduzidos de igualdade numérica de jogadores. Um em que os alunos utilizavam as mãos para passar e finalizar a gol e outro que era variação do primeiro em que os alunos passavam e recebiam a bola com as mãos, porém finalizavam com os pés. O jogo coletivo aconteceu em espaço reduzido de campo aproximado de 60 x 40 m.

Nessa escola, mais especificamente nessa categoria, as crianças eram visivelmente iniciantes na modalidade, o que, para nós, pareceu explicar bem a aplicação alternada durante os períodos das aulas propriamente ditas de jogos reduzidos e exercícios analíticos que respeitavam níveis de dificuldade adequados aos alunos.

Nessa escola, encontrou-se um panorama completamente diferente da escola anterior. Observou-se também a utilização do método analítico e do método integrado, porém, a primeira e quarta aulas aconteceram de forma fidedigna com aquilo que é indicado como mais adequado por KNVB Holland (1995) para o corpo principal de aula. Durante o aquecimento dessas duas aulas, observou-se também a convergência com aquilo que este trabalho sugere na escola anterior sobre a boa utilização do período da aula com os exercícios analíticos e formas jogadas.

Na segunda aula, pôde-se observar um aquecimento pouco convencional se comparado aos aquecimentos citados da primeira e quarta aulas. Não há problemas com uma corrida em volta do campo e exercícios de alongamento, levando em conta que em uma aula de uma hora e meia existe tempo de sobra. Acredita-se, porém, que essa faixa etária necessite de um aquecimento mais aproximado às reais necessidades dos aprendizes, mais voltado para a formação humana e não tão preocupada com especificidades do futebol. A aula propriamente dita, baseada somente em exercícios analíticos que preenchem grande parte da aula (que, na verdade, contou em seu maior tempo com o jogo coletivo), poderia ser aproveitada de melhor forma com a utilização daquilo que é preconizado para essa faixa etária – o jogo reduzido.

Como já havíamos atentado na outra escola observada, também é apropriada a brincadeira recreativa utilizada como aquecimento na terceira aula, assim como os exercícios de alongamentos. A aula propriamente dita, nesse caso, não deveria se resumir a exercícios analíticos e poderia oferecer mais alternativas ao que se refere ao jogo reduzido. A realização de uma cobrança de pênalti de cada aluno representou uma excelente volta à calma, conforme já foi citado em outra escola, em outra categoria.

Escola 3

Quadro 4.7 – Síntese das aulas observadas na Escola 3 – categoria Sub-9

Aula observada	Aquecimento	Desenvolvimento	Parte final
1ª	Sem bola Exercícios de coordenação geral Alongamentos	Exercícios analíticos	Jogo coletivo em campo reduzido
2ª	Sem bola Exercícios de coordenação geral Alongamentos	Exercício analítico Jogo reduzido	Jogo coletivo em campo reduzido

Continua

Continuação

Aula observada	Aquecimento	Desenvolvimento	Parte final
3ª	Corrida em volta do campo variando movimentos diversos	Jogo reduzido Exercícios analíticos	Jogo coletivo em campo reduzido
4ª	Corrida Alongamentos Exercícios gerais Brincadeira lúdica	Exercícios analíticos	Jogo coletivo em campo reduzido

Com relação à primeira aula observada, os exercícios de coordenação geral, ministrados no período de aquecimento, convergem com aquilo anteriormente citado por Tani, Manoel, Kokubun e Proença (1988). Os dois exercícios analíticos ministrados representavam variadas estações dispostas em dois lados, tendo um aluno fixo em cada estação. No primeiro, um aluno em movimento passava correndo em linha reta e devolvia os passes desferidos pelos alunos das estações dispostas em seus lados esquerdo e direito. No segundo, o aluno em movimento seguia rumo a cada estação, trocando passes com cada aluno fixo. O jogo coletivo aconteceu em espaço de campo aproximado de 60 x 40 m.

A segunda aula observada voltou a apresentar, durante o período de aquecimento, exercícios de coordenação geral, que convergem com Tani, Manoel, Kokubun e Proença (1988). A aula propriamente dita apresentou um exercício analítico conhecido como "oito", que se trata de três filas posicionadas no meio do campo de frente para o gol, e os três primeiros de cada fila trocam passes entre eles com a bola, partindo inicialmente daquele que está na fila do centro, sempre ocupando o lugar daquele para quem passou a bola, passando por trás dele, formando assim uma espécie de "oito" até chegar na finalização ao gol. O jogo reduzido, observado nessa fase da aula, consistiu em duas equipes em número iguais de jogadores se enfrentando em campo com espaço de 30 x 15 m em que havia um golzinho colocado em cada canto do campo, somando quatro golzinhos. Cada equipe tinha opção de dois golzinhos em seu campo de ataque para marcar os gols, como tinham dois golzinhos para defender em seu campo de defesa. O jogo coletivo no final da aula aconteceu em espaço aproximado de 60 x 40 m.

A terceira aula observada contou, no período de aquecimento, com corrida em volta do campo com elevação alternada dos joelhos à frente, elevação dos calcanhares atrás e progressão lateral. A aula propriamente dita contou com jogo reduzido denominado "jogo dos números", no qual várias duplas são numeradas e posicionadas atrás dos dois gols e, ao comando do professor, as duas duplas do mesmo número chamado por ele deverão enfrentar-se (cada dupla de mãos dadas) e procurar fazer o gol, até que seja chamado outro número e as duas duplas sejam substituídas em prol do mesmo objetivo. Ainda na aula propriamente dita, cada aluno com uma bola de borracha fez condução de bola e domínio (cabeça, peito, coxa, pé esquerdo, pé direito). O jogo aconteceu em espaço aproximado de 60 x 40 m.

A quarta e última aula observada nessa categoria apresentou, no período de aquecimento, uma corrida simples em volta do meio-campo de jogo, alongamento de membros inferiores, tronco e membros superiores, exercícios gerais de membros inferiores, tronco e membros superiores e um pega-pega comum. A aula propriamente dita contou com exercícios analíticos de cinco variações de passe em duplas e um exercício de passe em trios. O jogo aconteceu em espaço reduzido de campo aproximado de 60 x 40 m.

Observou-se novamente, nessa escola, a utilização dos métodos analítico e integrado, porém, apesar de apresentar um panorama parecido com o da última escola, esta mostra algumas variantes interessantes.

Na primeira aula, durante o período de aquecimento, foram utilizados diversos exercícios de coordenação geral e alongamentos. Pôde-se observar nesses exercícios uma preocupação além de aquecer para o futebol: realização de exercícios diversos que respeitavam uma ordem gradual de dificuldades e uma ordem que partia de exercícios diversos para membros superiores, exercícios diversos para o tronco e, por último, exercícios diversos para membros inferiores. A aula propriamente dita, composta somente por exercícios analíticos, divergiu por completo daquilo que é preconizado pela literatura do futebol para essa faixa etária, mesmo tendo sido observado que os alunos eram em grande maioria iniciantes, sem qualquer prática anterior da modalidade, cujas dificuldades eram evidentes.

Tais preocupações, além do aquecer para o futebol, foram observadas também na última aula, na qual foi dado um pega-pega comum durante os exercícios de aquecimento. Já na segunda e terceira aulas, encontrou-se a aplicação do jogo reduzido, o que é recomendado para essa faixa etária pela literatura do futebol. Acredita-se, porém, que cabe a possibilidade de uma divisão mais próxima ao que a literatura do futebol indica, inclusive com a aplicação durante o período de aquecimento dessas duas aulas de jogos de precisão, jogos de estafetas (formas jogadas), uma vez que tal parte do método integrado favoreceria uma aproximação mais gradual da aquisição das técnicas individuais necessárias para uma prática melhor do jogo reduzido e, consequentemente, do jogo de futebol.

4.1.4.3 Resultados das observações de campo na categoria Sub-15

Nessa categoria, observamos que as Escolas 2 e 3 executaram um trabalho dentro daquilo que é preconizado para essa faixa etária, tanto pela literatura do futebol (KNVB Holland, 1995) quanto pela literatura que trata de preceitos de desenvolvimento humano (Martin, 1988). Relatamos que, durante a aula propriamente dita na Escola 2, foram utilizados o jogo reduzido e o jogo modificado, e, na Escola 3, foi dada ênfase, nessa mesma fase das aulas, somente ao jogo modificado. Percebeu-se que a Escola 3 lidava melhor com o método investigado, com seus alunos demonstrando facilidade na resolução de problemas quando da aplicação dos jogos modificados de maior complexidade. Já na Escola 2, os alunos estavam ainda numa fase de transição entre o jogo reduzido e o jogo modificado, e os jogos modificados não eram ainda tão complexos quanto os utilizados pela Escola 3.

A Escola 1 utilizava o método compartimentado de treinamento, o que não é adequado a essa faixa etária, retratando o modelo adulto imposto ao adolescente, conforme os estudos anteriormente visualizados por nós, tanto colocado por Martin (1988) quanto especificado pela KNVB Holland (1995).

Observamos em cada uma das escolas o seguinte:

Escola 1

Quadro 4.8 – Síntese das aulas observadas na Escola 1 – categoria Sub-15

Aula observada	Aquecimento	Desenvolvimento	Parte final
1ª	Treino físico	Treino físico	Treino físico
2ª	Exercícios analíticos	Formas jogadas	Jogo coletivo
3ª	Treino físico	Treino físico	Treino físico
4ª	Exercícios analíticos	Jogo reduzido	Jogo coletivo

As observações do quadro revelaram uma situação diferenciada daquela observada em outras categorias e que sequencialmente não será observada em outras escolas nessa categoria, acontecendo em modelo compartimentado de treinamento, ou seja, as aulas apareceram divididas em seções específicas de treinamento físico e treinamento técnico-tático.

Observou-se, porém, que, no treinamento técnico, aconteceram manifestações dos modelos analítico e integrado, também conforme veremos a seguir:

No primeiro treinamento observado, aconteceu um treinamento físico sem bola que, entre variados exercícios físicos, culminou como corpo principal da aula em forma de circuito – resistência anaeróbia. O treinamento inteiro durou aproximadamente uma hora e meia, contando com intervalos rápidos para beber água.

No segundo treinamento observado, houve um treinamento técnico com aquecimento contendo três manifestações de exercícios analíticos e, durante a aula propriamente dita, foi observado um exercício de formas jogadas em jogos de passes pontuados por número de ações conseguidas, seguido na parte final da aula de jogo coletivo que tomou a maior parte do tempo total.

No terceiro treinamento, novamente ocorreu treinamento físico sem bola, no qual foram observados exercícios de aquecimento (como corpo principal da aula, exercícios de velocidade). Esse treinamento durou cerca de uma hora e meia, contando com os intervalos rápidos para beber água.

No quarto treinamento técnico, aconteceram no aquecimento duas manifestações de exercícios analíticos e, na aula propriamente dita, ocorreu uma manifestação de jogos reduzidos ("bobinho" no círculo central de campo) seguido de jogo coletivo na parte final da aula que tomou a maior parte do tempo total.

Assim, observou-se nessa categoria a existência do treinamento compartimentado, no qual duas sessões foram de treino físico e duas sessões foram de treino técnico. Nas sessões de treino técnico, houve a utilização de formas jogadas e a utilização de apenas um jogo reduzido.

Nessa categoria, com base nos dados dessa escola, a discussão principal passa a ser com relação à aplicação ou não do modelo compartimentado de treinamento. Tal fato não converge com o que preconiza a KNVB Holland (1995), que defende a ideia de desenvolver, nessa fase, a condição técnica do jovem, dando ênfase às atividades de jogos reduzidos e modificados (desses últimos, os menos complexos), deixando jogos de treinamento no teor da palavra para jovens a partir dos 17 anos. Adaptação ao trabalho é a palavra mais propícia. Não apenas deve existir o treinamento físico, mas que seja compatível com a idade desses jovens, de forma que compartimentar o treinamento, propiciando sessões de treino exclusivamente físicas, não produza tantos efeitos benéficos nem motive os garotos.

Coll (1997) afirma que, somente quando não há educação pela ciência, o modelo adulto acaba sendo utilizado para o jovem. É difícil assimilar que tal modelo compartimentado seja utilizado nessa faixa etária por professores que fazem parte (ou deveriam fazer parte) de comunidade científica, cujos estudos, cursos de capacitação, aperfeiçoamento e especialização existem à disposição e livre escolha no mercado. É comum que esse modelo seja aplicado por pessoas sem formação específica baseadas naquilo que faz parte do senso comum, ou seja, dados sem mostrar fontes confiáveis que comprovem a veracidade das informações.

Os trabalhos físicos observados de resistência e velocidade poderiam acontecer adaptados de forma indireta com bola em situações de jogos reduzidos e modificados (pouco complexos) bem mais agradáveis, receptíveis e adequados para tal faixa etária.

Escola 2

Quadro 4.9 – Síntese das aulas observadas na Escola 2 – categoria Sub-15

Aula observada	Aquecimento	Desenvolvimento	Parte final
1ª	Exercícios analíticos	Jogos modificados	Jogo coletivo 11 x 11 utilizando o campo inteiro
2ª	Corrida em volta do campo Alongamentos Circuito analítico com bola	Jogo modificado	Jogo coletivo de 11 x 11 utilizando o campo inteiro
3ª	Corrida variando movimentos em volta do campo Alongamentos	Exercícios analíticos Jogo reduzido	Jogo coletivo de 11 x 11 utilizando o campo inteiro
4ª	Corrida em volta do campo	Jogo reduzido	Jogo coletivo de 11 x 11 utilizando o campo inteiro

A primeira aula observada no período de aquecimento contou com dois exercícios analíticos, sendo um em duplas trocando passes e outro de condução de bola por entre cones. Diferentemente da escola anterior, esta não só mostrou na primeira aula que não trabalha no modelo compartimentado de treinamento, como apresentou dois jogos modificados em espaço reduzido de meio-campo – jogos representados por um ataque contra defesa em que os jogadores (volantes) de ataque se dispunham em zonas onde não eram combatidos e lançavam bolas para os laterais cruzarem na área. Os volantes, inicialmente, faziam lançamento para o lateral aberto na ponta do mesmo lado. Num segundo momento, o lançamento era invertido para o lateral do lado contrário.

A segunda aula observada no período de aquecimento contou com uma corrida ao redor do campo, alongamentos de membros inferiores e superiores, e um circuito analítico onde cada aluno, em fila, continha uma bola e deveria seguir um percurso composto por uma estação de cinco cones a serem driblados, outra de quatro bambolês a serem ultrapassados correndo, pisando em seu interior, outra sequência de cinco cones a serem driblados e uma última sequência de bambolês dispostas para dois saltos com a perna esquerda e dois saltos com a perna direita. A aula propriamente dita contou com um jogo modificado, utilizando meio-campo em que um armador partia do meio-de-campo fazendo passe a um dos dois atacantes que se aproximavam para devolver esse passe, acompanhados por seus respectivos marcadores. Tendo a bola devolvida ao armador, os dois atacantes tentavam se desmarcar dos marcadores correndo em diagonal, buscando as laterais de campo, abrindo espaço para o armador conduzir a bola e decidir se finalizaria na intermediária de ataque ou faria o passe a um dos atacantes, dependendo da ação dos dois marcadores.

A terceira aula observada contou no período de aquecimento com corrida em volta do campo saltando e cabeceando o ar ao comando do professor; chutando o ar e tocando com a mão na ponta do pé, alternando pernas de chute ao comando do professor; parando para fazer dez flexões de braço ao comando do professor; elevando calcanhares atrás ao comando do professor e alongamentos de membros inferiores, tronco e membros superiores. A aula propriamente dita contou inicialmente com exercícios de domínio de bola (peito, coxa e dorso do pé) e depois com dois exercícios analíticos de finalização, sendo o primeiro exercício de finalização após fazer o passe do meio-de-campo a um companheiro posicionado na meia lua da área que preparava a bola para o chute. Depois, variando o exercício anterior, condução de bola partindo do meio-de-campo com a bola rumo ao gol, finalizando da entrada da área durante a saída do goleiro, depois numa última variação, o exercício virou um jogo reduzido de enfrentamento com igualdade numérica 1 x 1, em que, partindo do meio-de-campo com a bola, o garoto tinha que driblar um companheiro posicionado na intermediária para finalizar a gol. O jogo coletivo no final da aula contou com a orientação do professor quanto aos posicionamentos em campo.

A quarta e última aula observada nessa escola, nessa categoria, contou no período de aquecimento com duas voltas de corrida no campo. A aula propriamente dita contou com um jogo reduzido de igualdade numérica em meio-campo de jogo onde a equipe que atacava tinha como objetivo fazer o gol, e a equipe que se defendia tinha como objetivo roubar a bola e conseguir efetuar dez passes consecutivos. A cada objetivo alcançado, a equipe perdedora pagava pena de dez flexões de braço. O jogo contou com orientação do professor quanto aos posicionamentos em campo.

As aulas dessa categoria, nessa escola, procuram respeitar aquilo anteriormente preconizado neste estudo como adequado, convergindo com Ferreira (2002), demonstrando utilizar bem, em especial o jogo modificado. Os exercícios analíticos apresentados durante a terceira sessão de aula, apesar de analíticos, puderam mostrar a aproximação com situações reais de jogo capazes de surgir inesperadamente, que exijam respostas rápidas e, principalmente, ações individuais em caso de contra-ataques.

As observações dessa escola mostraram-se completamente adversas à escola anterior ao que diz respeito ao treinamento compartimentado. Não se observou tal manifestação nessa escola, somente no que se refere à utilização do método analítico e do método integrado. Tais observações mostraram-se de acordo com aquilo preconizado por KNVB Holland (1995) e Ferreira (2002).

Sugeriu-se que, nos períodos de aquecimento, fossem trabalhadas formas jogadas por meio de jogos de estafetas e jogos de precisão, além daquilo que se observou acontecer como aplicação de exercícios analíticos, corridas e alongamentos.

As partes principais das aulas aconteceram quase completamente dentro do que é preconizado por KNVB Holland (1995) e Ferreira (2002) para essa faixa etária. Apenas a terceira aula, durante o seu corpo principal, contou com aplicação de dois exercícios analíticos, evoluindo para um jogo reduzido, numa perspectiva de trabalhar três situações distintas de contra-ataques. A primeira, em que o garoto fazia o passe do meio-de-campo para um atacante posicionado na entrada da área, que devolvia o passe para sua finalização ao gol da intermediária do campo, a segunda, em que o garoto partia com a bola sozinho do meio-de-campo para finalizar na entrada da área, e a terceira, a qual o garoto partia com a bola do meio-de-campo encontrando resistência de um adversário, tendo que executar o drible para finalizar ao gol. Os dois exercícios analíticos inicialmente observados poderiam ocorrer ainda dentro do período de aquecimento, dividindo espaço com a utilização de formas jogadas, seja por intermédio de um jogo pontuado por número de ações conseguidas, um jogo de estafeta ou um jogo de remate de precisão. Dessa forma, seria aproveitado melhor o tempo da aula propriamente dita para aplicação daquele que foi o terceiro exercício – jogo reduzido, sobrando tempo para aplicação de mais um ou dois jogos reduzidos ou jogos modificados no corpo principal de aula, tornando-a muito mais dinâmica. Nessa aula, houve o aquecimento composto por uma corrida em volta do campo, executando movimentos diversos e uma sessão de alongamentos no centro do campo, levando aproximadamente 15 minutos de aula.

Os jogos coletivos de 11 x 11, no final de todas as aulas observadas, também são preconizados pela literatura do futebol e, portanto, de acordo com a faixa etária em questão.

Escola 3

Quadro 4.10 – Síntese das aulas observadas na Escola 3 – categoria Sub-15

Aula observada	Aquecimento	Desenvolvimento	Parte final
1ª	Corrida em volta do campo	Jogo modificado	Jogo em campo reduzido
2ª	Exercício recreativo	Jogo modificado	Jogo em campo reduzido

Continua

Continuação

Aula observada	Aquecimento	Desenvolvimento	Parte final
3ª	Corrida em volta do campo Alongamentos	Jogo modificado	Jogo em campo reduzido
4ª	Corrida em volta do campo Alongamentos	Jogo modificado	Jogo de 11 x 11 em campo inteiro

A primeira aula propriamente dita observada contou com um exercício de jogo modificado, em que o campo em espaço reduzido, de aproximadamente 60 x 40 m, comportava duas equipes de sete jogadores para cada lado, podendo dispor cada uma das equipes em posse da bola de oito alunos de apoio posicionados em áreas específicas do campo, próximos às laterais (dois em cada lado das laterais de campo, em cada meio-campo), sendo quatro em cada lado do campo. Os alunos em campo também tinham posições definidas e o jogo consistiu em os jogadores, tanto de ataque como de defesa, poderem sempre contar com os jogadores de apoio, a fim de proporcionar alternância dos momentos de superioridade de jogadores de defesa e momentos de superioridade dos jogadores de ataque.

A segunda aula observada apresentou como aquecimento um pega-pega com bola, com as características de uma brincadeira de queimada e, na aula propriamente dita, um jogo modificado num campo de espaço reduzido de aproximadamente 60 x 40 m, três equipes de oito jogadores se revezavam num jogo em que os alunos tinham posições definidas em campo e apenas podiam invadir a área de campo do colega se fizessem o passe. A cada passe feito e infiltração garantida, criavam-se situações de superioridade numérica no time em posse da bola nos mais diversos pontos do campo. Ao perder a posse, o aluno que estava infiltrado era obrigado a retornar imediatamente para sua posição original sem poder participar de qualquer jogada durante esse período de retorno. As equipes revezavam-se a cada gol marcado.

A terceira aula contou, no período de aquecimento, com jogadores correndo em duplas, duas voltas no campo e alongamento de membros inferiores, tronco e membros superiores. A aula propriamente dita contou com um jogo modificado denominado "ultrapassagem" em que um jogador com a bola na lateral de campo inicia fazendo o passe para outro mais aberto na mesma lateral e corre passando por trás deste, recebendo de volta o passe mais à frente para que execute o cruzamento a outros três alunos, que, no início da jogada, estão posicionados no meio-de-campo e partem rumo à área para tentar marcar o gol, enfrentando dois zagueiros que os aguardam na área com o goleiro. O jogo aconteceu em campo com espaço aproximado de 60 x 40 m.

A quarta aula observada contou no período de aquecimento com uma corrida simples em volta do campo e alongamentos de membros superiores, tronco e membros inferiores. A aula propriamente dita contou com um jogo modificado denominado "Treinamento Alemão", em que duas equipes se enfrentam utilizando o campo todo, tendo de fora uma equipe que aguarda o gol para ocupar o lugar de quem tomou o gol. O jogo consiste em ter que passar para o campo adversário apenas tocando a bola (passes curtos), ou seja, não pode haver chutões ou lançamentos longos. O jogo coletivo aconteceu em campo inteiro.

As aulas dessa categoria, nessa escola, convergem completamente com o proposto neste estudo como adequado, sobretudo no que tange aos jogos modificados.

Nessa escola, pôde-se constatar a utilização somente do método integrado. Apenas sugeriu-se, a exemplo da escola anterior, que os períodos de aquecimento poderiam ser mais bem utilizados para aplicação de outras partes desse método como as formas jogadas e os jogos reduzidos, dividindo o corpo principal das aulas com os jogos modificados. Estes, por sua vez, apareceram bem utilizados de forma diversificada conforme foram anteriormente detalhados neste estudo durante a síntese das observações desta categoria.

Os jogos coletivos nos finais das três primeiras aulas aconteceram em campo reduzido dada à preocupação do professor com a exigência dos exercícios ministrados durante a aula propriamente dita. Por fim, na última aula, após o "Treinamento Alemão", foi utilizado o campo inteiro, uma vez que essa atividade já utilizava esse espaço de jogo.

4.1.5 Descrição dos resultados das entrevistas

As entrevistas, em comparação com os dados observados, foram essenciais para as conclusões de nossa averiguação.

4.1.5.1 Resultados principais da entrevista na categoria Sub-5

O fato de uma das escolas não trabalhar com essa categoria (Escola 1) chamou nossa atenção e procuramos entender os reais motivos disso. Apesar de ser direito de qualquer escola não trabalhar com qualquer categoria, chama atenção o fato de não existir uma categoria Sub-5 dada à procura de pais que querem colocar filhos no esporte já nessa faixa etária. Para compreendermos, porém, o porquê, tivemos que recorrer e comparar as observações das outras categorias nessa escola. Ao analisarmos as entrevistas das outras duas categorias nessa escola (Escola 1), pudemos observar um fato interessante. O professor da categoria Sub-9 manifestou, em seu discurso, preocupação com o desenvolvimento humano, fato que não convergiu com sua prática, uma vez que pouco conhecia e aplicava aquilo que é preconizado pela literatura como mais adequado à ênfase do trabalho nessa categoria (jogos reduzidos) e que utilizava formas jogadas durante a aula propriamente dita, o que a literatura do futebol – KNVB Holland (1995) justamente preconiza como adequado exatamente para a categoria Sub-5. Já o professor da categoria Sub-15, nessa escola, em seu discurso, além de manifestar também preocupação com o desenvolvimento humano, afirmou que o objetivo principal de sua categoria era formar e negociar jogadores aos 15 anos de idade. Tal fato nos despertou atenção para uma preocupação com a formação mercadológica em que não há qualquer interesse em obter um garoto com 5 anos de idade na escola, uma vez que este demoraria dez anos para ser negociado. Mais fácil fica ter o garoto a partir dos 9 ou 10 anos, para que esse prazo caia pela metade do tempo. Assim, a preocupação com o desenvolvimento humano nessa escola não nos parece privilegiado ou exatamente de acordo com o preconizado para uma excelente formação em longo prazo, parecendo ainda uma preocupação econômica demais. Acreditamos que o trabalho com crianças a partir dos 5 anos de idade até aproximadamente os 10 anos de idade, respeitando aspectos metodológicos apropriados a essas faixas etárias, tem fundamental importância na formação motora e global do ser humano em questão.

As Escolas 2 e 3, nessa categoria, mantiveram um discurso impecável, demonstrando preocupações com o desenvolvimento humano, fato que convergiu com a prática apresentada.

4.1.5.2 Resultados principais da entrevista na categoria Sub-9

Nessa categoria, os discursos variados destoaram da prática, e a preocupação com o desenvolvimento humano ou até mesmo com a inclusão proporcionada pelos jogos do método integrado, relatada por professores, foi completamente divergente a partir do momento que mais se utilizou exercícios analíticos que não relacionavam em nada o treinamento com a realidade de jogo, constando de exercícios demasiadamente mecânicos, sem vivências mais próximas às reais.

O professor da Escola 3 citou, em seu discurso, a importância para ele daquilo que havíamos relatado nas observações dessa categoria – "o método integrado deve ser utilizado conjuntamente a outros métodos" –, o que, de certa forma, divergimos, pois há lá suas restrições nessa afirmação. À primeira vista, nenhuma relação parece haver entre o método integrado e o analítico, sendo o primeiro uma evolução do segundo justamente pelos relatos dos diversos autores anteriormente citados que discutiram durante o terceiro período da evolução do treinamento/ensino da modalidade a falta de relação dessa forma de treinamento com aquilo que realmente acontece em jogo. Portanto, sua utilização conjunta, nesse caso, é dispensável, tendo o método integrado de ensino condições de permear a aula por si só. Dessa forma, acreditamos que, nessa faixa etária, o método integrado pode (e não deve como foi afirmado) vir a ser utilizado conjuntamente ao analítico se este for limitado a uma pequena parte da aula. Tanto quanto acreditamos que o método integrado deve, sim, ser utilizado conjuntamente ao método recreativo e ao método cooperativo, sobretudo.

4.1.5.3 Resultados principais da entrevista na categoria Sub-15

Os discursos das Escolas 2 e 3 convergiram totalmente com a prática apresentada, demonstrando o conhecimento declarativo do método pelos seus professores. A Escola 1 destoou o discurso da prática a partir do momento em que o professor falou tão bem do método integrado, citando, inclusive, que esse método deveria constar nos planejamentos de todas as escolas de futebol, mas, na prática, utilizou durante suas aulas o método compartimentado de treinamento, o que KNVB Holland preconiza para o alto nível (a partir dos 18 anos de idade) e não para essa categoria.

4.1.6 Podemos falar numa convergência entre categorias?

Ao tentar encontrar convergência nos discursos variados de todos os entrevistados, observamos interessante fato. Tanto o professor da Escola 3, categoria Sub-5, quanto o professor da Escola 1, categoria Sub-15, apresentaram o mesmo discurso, ressaltando o método associado como "um treinamento sério que se faz brincando".

Entretanto, o professor da Escola 3, categoria Sub-5, mostrou na prática aquilo que discursou, quando apresentou conhecimento nos jogos e exercícios que vimos aplicados e realmente vimos uma criança brincando e se divertindo ao mesmo tempo em que vivenciava situações próximas às reais de jogo. O professor da Escola 1, categoria Sub-15, apenas ficou no discurso, uma vez que na prática o método compartimentado foi uma constante em suas aulas, manifestando grande preocupação com treinamento de alto nível, o que não condiz com a realidade e necessidade dos alunos em questão.

Entendemos com isso que, para a conclusão dessa averiguação, foi determinante comparar discurso e prática, pois só o discurso, nesse caso, pode não representar o conhecimento declarativo do profissional.

4.2 Conclusão

Com relação à investigação do primeiro de nossos objetivos neste estudo – "identificar os métodos utilizados" –, concluímos que, nas categorias Sub-5 e Sub-9, foram utilizados o método analítico e o método integrado, demonstrando convergência com o que é preconizado como adequado para a categoria Sub-5, sobretudo. Uma vez que essa categoria utilizou adequadamente, a nosso ver, dos conteúdos durante as fases das aulas. Apenas nos chamou atenção o fato da exagerada utilização do método analítico pela categoria Sub-9, principalmente durante a aula propriamente dita, enquanto esperávamos que, à medida que existe o desenvolvimento natural da criança na modalidade, se diminuísse sua utilização, ou seja, restringisse-se o seu uso ao período de aquecimento, aproximando mais o principal período da aula – aula propriamente dita

– daquilo que acontece em jogo, para melhor aquisição das vivências técnicas, sobretudo.

Na categoria Sub-15, por sua vez, foram utilizados o método analítico, o método compartimentado e o método integrado. Chamou atenção a utilização, sem qualquer sustentação plausível, do método compartimentado para essa faixa etária, uma vez que retrata o modelo adulto imposto à adolescência e diverge daquilo que é preconizado por Martin (1988) e KNVB Holland (1995).

Com relação à investigação do segundo objetivo deste estudo – "identificar o conhecimento dos professores a respeito do método integrado" –, podemos dizer que:

- na categoria Sub-5, os discursos dos dois professores convergem com a prática, demonstrando pleno conhecimento do método;
- na categoria Sub-9, os discursos "impecáveis" dos três professores não convergem com o que foi apresentado na prática;
- na categoria Sub-15, dos três professores, dois comprovaram conhecimento declarativo do método investigado, convergindo discurso com a prática.

Concluímos que a metade dos entrevistados não demonstrou conhecimento declarativo do método investigado, o que demonstra necessidade de esclarecimento ao maior número possível de profissionais do ensino da modalidade futebol nas escolinhas e até mesmo a técnicos e treinadores de categorias menores de clubes e associações sobre os pormenores desta pesquisa. Essa necessidade partiu de sugestão da banca que compôs os trabalhos durante a defesa de nossa dissertação de mestrado. Essa banca apontou o curso desenvolvido pela Escola Brasileira de Futebol – EBF, ligada à CBF, e o curso desenvolvido pelo Sindicato dos Treinadores Profissionais de Futebol do Estado de São Paulo – SITREPFESP, como cursos em que a nossa participação seria extremamente importante, e o último citado, todos os anos proporciona um curso nacional e outro de caráter internacional. Não tivemos acesso ainda a nenhum desses dois cursos, porém, temos cumprido muito bem o nosso papel nos últimos anos com relação a essa árdua tarefa ("trabalho de formiguinha") ao participar ativamente como professores de diversos cursos de pós-graduação, extensão universitária, congressos nacionais e internacionais, bem como cursos diversos de aprimoramento profissional.

Os fatos isolados de os professores Apolo e Sheila terem ganhado o concorrido título Profissional do Ano Cref em 2007, em suas respectivas regiões e também o fato de o professor Apolo ter sido eleito Personalidade Brasileira do Ano – 2008 na Educação Esportiva pelo Centro de Integração Cultural e Empresarial de São Paulo – CICESP, em parte tem a ver com o sucesso dos cursos enunciados e credenciam ainda mais para, quem sabe, uma futura participação nos cursos apontados pela já citada banca.

Parte II
Aplicando a teoria

Sugestão para melhor utilização dos métodos nas categorias investigadas

De comum acordo com tudo o que vimos e ao nosso olhar subjetivo, respaldados cientificamente de acordo com o que vimos anteriormente na fundamentação deste estudo, acredita-se que cada categoria investigada pode (e deve) mesmo assim utilizar a diversidade de métodos existentes para tornar ainda mais ricas as aulas aos seus alunos.

Dessa forma, levando em conta nossas observações de campo, fizemos questão de gerar uma exemplificação daquilo que acreditamos ser o mais adequado e apropriado ao ensino de crianças e jovens na perspectiva de utilizar os diversos métodos existentes em conjunto com o método integrado de ensino – o que, inclusive, torna as estruturas das aulas observadas em cada categoria muito mais ricas em conteúdos e, sobretudo, respaldadas em preceitos de desenvolvimento humano que regem o esporte. Sugere-se à categoria Sub-5 a utilização dos seguintes métodos e conteúdos a cada fase das aulas:

Quadro 5.1 – Sugestões para aulas na categoria Sub-5

Pré-aula	Aquecimento	Desenvolvimento	Parte final
- A conversa informal sobre o conteúdo da aula a ser disposta e discussão/exposição de assuntos que digam respeito a aula/alunos podem fortalecer o contato professor-aluno e amenizar a ansiedade que normalmente predomina o início das aulas. Essa conversa deverá ser breve e objetiva e pode acontecer no centro do campo, recomendável é que aconteça sempre num mesmo local que seja compreendido pelos alunos como o ponto inicial das aulas, o que lhes dará mais segurança. Observamos, porém, que a aula nessa faixa etária deverá ser rica em conteúdos variados dada à necessidade comum de se movimentar das crianças nessa faixa etária.	- Os exercícios de alongamento e aquecimento, nesse caso, têm funcionalidade para um melhor reconhecimento do próprio corpo e para estimular as suas mais amplas possibilidades para aquisição dos padrões fundamentais do movimento. Deve o professor ter uma linguagem estimulante, nesse caso, buscando insinuar o "VAMOS VER QUEM CONSEGUE...". - Do método recreativo, podemos colocar todos os jogos infantis que tragam satisfação à criança: bola do outro lado; quem pega mais bolas, entre outros, dispostos mais adiante neste livro. - Do método cooperativo, podemos colocar todos os jogos e brincadeiras que explorem o *conhecer melhor o outro* e estimulem a importância do *fazer com o outro*.	- Do método analítico, podemos explorar todos os fundamentos técnicos de passe, recepção, condução, drible e chute, compreendendo, sobretudo, as dificuldades inerentes a essa faixa etária e o fato de serem ainda egocêntricos. Acreditamos na importância de adaptar a este trabalho analítico também formas de trabalhar a aquisição dos padrões fundamentais de movimento. - Do método integrado, o que cabe à fase específica denominada formas jogadas: jogos de estafetas; jogos de remates de precisão e lançamento.	- Jogos de futebol em campos diminuídos com cobranças de pênaltis (sem disputas) após o final dos jogos, antes das crianças irem embora.

5.2 – Sugestões para aulas na categoria Sub-9

Pré-aula	Aquecimento	Desenvolvimento	Parte final
- A conversa informal sobre o conteúdo da aula a ser disposta e discussão/exposição de assuntos que digam respeito a aula/alunos têm o mesmo sentido disposto à categoria anterior, porém, o nível de entendimento destes já é muito maior (já são mais voltados para decisões grupais, sobretudo), portanto, ressaltar sempre os pontos fortes e os pontos fracos de cada um no grupo, observados nos treinamentos e jogos, passa para os alunos a sensação de que estão sendo policiados tanto quanto expõem suas principais qualidades e defeitos a serem respectivamente explorados e trabalhados.	- Os exercícios de alongamento e aquecimento devem visar ao aspecto global do movimento com imensa variação. Observados devem ser aspectos posturais e biomecânicos, sobretudo das corridas (frente, costas etc.), fato nem sempre observado e trabalhado nas categorias anteriores. - O método recreativo aparece bem aceito nessa faixa etária e pegas-pegas em cima das linhas demarcatórias da quadra/ campo são de bom-tom – variando movimentos em determinadas áreas, buscando sempre dificultar aquilo que aparece como estar ficando fácil. - Do método cooperativo, podemos colocar jogos um pouco mais complexos – como variações do "fut-baseball", capazes de estimular o espírito de equipe e que, ao mesmo tempo, fujam da realidade, fazendo as crianças imaginarem.	- Do método analítico, podemos explorar todos os fundamentos técnicos citados na categoria anterior, porém, em menor escala, privilegiando o tempo da aula propriamente dita, mais ao método a seguir descrito. - Do método integrado, o que cabe à fase específica denominada jogos reduzidos: jogos de enfrentamentos simples em diversos mini-campos dispostos na quadra/ campo – 3 x 3; 2 x 1; 1 x 3, enfim, situações variadas de igualdade, superioridade e inferioridade numéricas.	- Jogos de futebol em campos diminuídos, privilegiando aspectos técnicos – sem se preocupar com aspectos táticos que não são adequados nessa faixa etária.

Quadro 5.3 – Sugestões para aulas na categoria Sub-15

Pré-aula	Aquecimento	Desenvolvimento	Parte final
- A conversa informal nessa faixa etária funciona de forma muito mais importante que nas outras categorias já descritas. Entendemos, porém, que o aluno que vem de uma formação gradativa, acostumado a vivenciar esse momento na aula, compreende e desfruta muito melhor esse momento tão quanto utiliza esse momento para focalizar melhor os aspectos observados pelo professor, sobretudo, os táticos a que já têm boas condições.	- Os exercícios analíticos podem e devem ser utilizados nessa fase da aula. - Do método integrado, podem ser utilizadas nessa fase da aula todas as formas jogadas e/ou jogos reduzidos, utilizando vários campos montados no decorrer do campo. - Do método cooperativo, podemos colocar os jogos mais complexos – como o "jogo da centopeia". - Do método recreativo, podem ser utilizados jogos diversos como, por exemplo, o "rabo do dragão".	Nessa parte da aula especificamente, se desenvolvem atividades dos jogos modificados.	- Jogos de futebol em 11 x 11.

Levando em consideração que os quadros anteriores discutem três idades investigadas, cada uma delas pertencente a uma das três fases específicas de aplicação do método integrado de ensino; de forma mais ampla, resolvemos afunilar ainda mais nossa discussão paralelamente às três fases específicas de aplicação do método integrado e às idades a que cada uma deva ter ênfase no trabalho. Para isso, resolvemos colocar algumas dicas essenciais a fim de adaptar ainda melhor os quadros anteriores a uma forma adequada de aplicar o método discutido neste livro a outras formas de trabalho nas diversas idades.

- *Crianças entre 5 e 6 anos de idade – fase das formas jogadas*: essa faixa etária tem preocupação redobrada e exclusiva com a melhor aquisição dos padrões fundamentais do movimento e com o lúdico, além da ênfase às formas jogadas.

- *Crianças entre 7 e 12 anos de idade – fase dos jogos reduzidos*: para essa faixa etária, a preocupação essencial é com jogos e exercícios para melhorar a habilidade, por isso, recomendamos a ênfase aos jogos reduzidos, utilizados no período inicial das aulas de exercícios do método analítico e das formas jogadas. Os jogos com enfrentamentos simples de 1 x 1 não têm tanta importância (pouco importantes) até os 10 anos de idade, sendo, porém, importantes (vejam bem que não são muito importantes ainda) entre 10 e 12 anos. Os jogos em espaços reduzidos em maior número são capazes de estimular muito bem a coletividade e objetividade na faixa etária até os 12 anos. Exercícios de condicionamento geral sem bola não têm qualquer importância (pouco importantes) até os 12 anos de idade. Os jogos treino ou amistosos com outras escolas – sem a competição significativa – colaboram muito para as vivências iniciais do esporte nessa faixa etária e para estimular a competição sadia. Acreditamos, porém, na importância da adaptação do campo de jogo ao tamanho reduzido de 60 x 40 m no máximo.

- *Adolescentes entre 13 e 17 anos de idade*: nessa faixa etária, os enfrentamentos de 1 x 1, pouco ou menos visados em idades anteriores, são muito importantes. Os jogos e exercícios mais complexos são plenamente compreendidos e devem ser explorados de forma gradual. Exercícios do método analítico apresentam-se com pouca importância; a ênfase principal é ao jogo modificado e, por isso, a habilidade já deve se apresentar bem desenvolvida até os 15 anos de idade, quando esses jogos modificados devem começar a explorar gradualmente suas fases mais complexas até os 17 anos de idade. Justamente a necessidade de cumprir com papéis estipulados nos jogos (jogos modificados) e a respeitar zonas de ação é que fará que a habilidade se desenvolva ainda mais em jogo, trabalhando muito a capacidade de decisão dos alunos. O condicionamento geral sem bola não é muito importante, pois acreditamos ser de extrema importância somente no alto nível. Nessa faixa etária, a adaptação ao campo em medidas oficiais já passa a ser importante.

Devemos lembrar ainda, após discutir cada faixa etária, que, de acordo com os quadros vistos, fica evidente que conjuntamente ao tempo e às fases de aula, acreditamos na importância daquilo que chamamos de pré-aula. Também acreditamos na importância das atividades extraclasse após o período de aula, sempre. Dessa forma, cabe pormenorizar cada uma dessas fases que acreditamos ser de bom tom ocorrer antes e depois de cada aula.

5.1 Pré-aula

Denominamos pré-aula a parte inicial de cada sessão de aula. Acreditamos ser esse momento muito importante para situar os alunos sobre o roteiro da aula em questão e amenizar a ansiedade pré-treinamento que envolve muitos dos jovens. Esse momento caracterizado pelos cinco minutos iniciais da aula, aproximadamente, ocorre por intermédio de uma simples conversa amigável, preparatória e explicativa e é capaz de melhor organizar os diversos momentos que caracterizam uma sessão de aula, tanto quanto é capaz de "quebrar" aquele paradigma mecânico de que o aluno chega, treina e vai embora como se fosse uma máquina. Se for o ser humano movido pelo sentimento em tudo aquilo que faz, entendemos que esse momento inicial é primordial para que o professor possa reconhecer e, talvez, melhor lidar com as emoções dos seus alunos, favorecendo o contato professor-aluno, sem prejudicar ou atrapalhar o processo ensino-aprendizagem. Pelo contrário, esse momento parece favorecer por servir como um "termômetro", capaz de indicar como está cada aluno e o grupo para as tarefas subsequentes, alertando os profissionais sobre eventuais novos caminhos a seguir, como forma de atingir seus objetivos (ou até mesmo revê-los) na aula. A criatividade é a rota principal de qualquer profissional, levando-se em conta que há várias formas de alcançar (aplicar) uma necessidade, de acordo com o que pede cada momento. Ainda nessa linha de pensamento, podemos imaginar que é o conhecimento profissional capaz de nos fazer tomar decisões rápidas, que levam a novos rumos, priorizando sempre as maiores necessidades dos alunos em vez de respeitar o desenvolvimento de simples conteúdos. Assim como somente o comandante é capaz de modificar a rota de um navio em benefício de toda a tripulação, somente o professor é capaz de modificar sua aula/objetivos diante de tais necessidades. A utilização da pré-aula, nesse caso, pode abreviar "longas voltas" e "treinos perdidos", ou seja, tempo jogado fora à toa por causa da falta de sensibilidade de criar mecanismos adequados, apenas para sentir como estão seus alunos para cada dia de aula.

Utilizamos muito da pré-aula durante o longo período de tempo em que trabalhamos com as escolinhas de futsal/futebol na prefeitura de Guarujá. Lá havia uma sala de aula muito bem localizada, a qual utilizávamos quase sempre para iniciar as aulas. Vale salientar que nessa vivência interessante e incomum às escolas de futebol, percebemos que iniciar a aula em sala, ou seja fora do seu ambiente comum – quadra/campo – favorece bem as conversas iniciais e quebra a ansiedade comum que o aluno tem para iniciar logo a atividade.

5.2 Atividades extraclasses

Se a pré-aula em nada prejudica o processo ensino-aprendizagem, ao falar em atividades extraclasses, a primeira palavra que nos vem em mente para explicar isso é ACRESCENTAR. Como acrescentar nunca é demais, as atividades extraclasses podem somar ao trabalho de educação esportiva conhecimento ímpar, dos mais variados assuntos e temas a serem propostos pelo professor, pensando nas reais necessidades do aluno, seja por intermédio da utilização dos murais educativos – que não nos cabe aqui pormenorizar e que podem ser visualizados e compreendidos na íntegra no livro *Futsal Metodologia e Didática na Aprendizagem*, também da Phorte Editora – seja pela conscientização coletiva da importância de "colher latinhas" ou "separar o lixo limpo" no bairro em que os alunos residem. As atividades extraclasses existem, em bem da verdade, para mostrar aos alunos e a quem possa interessar que, numa escolinha de futebol, pode-se aprender muito mais que jogar futebol. Podem-se levar boas lições de cidadania, de humanidade, valorizando e conscientizando a importância de cada ser no seu contexto e no mundo, além de também formar conhecimento declarativo de temas e assuntos de sumária importância para o esporte e para a vida –– por intermédio de atividades dirigidas (palestra, pesquisa, desenho, recortes, pintura e etc.) em horários que não os utilizados para aulas práticas, em campo.

Dessa forma, compreendemos que uma escola de futebol deve priorizar um ensino de qualidade que não se limite ao mecanicismo da repetição da prática pela prática apenas, que não se preocupe com a especialização precoce, mas, sim, que se preocupe com a formação global do ser humano que ali está aprendendo como deve ser a vida, o mundo, nos seus vários pontos de vista, por intermédio do esporte, mais especificamente do futebol.

É certo que a realidade é dinâmica, que tudo muda a cada segundo pelo mundo e acreditar que a escolinha de futebol deva funcionar como funcionava nos tempos de nossos avós é, portanto absurdo.

"Com ou sem professor, é certo que as crianças aprenderão".

Essa frase, cujo autor desconhece-se e que se arrasta pelo tempo, ainda muito comum de se ouvir da boca de professores até em cursos de capacitação e congressos sobre futebol, tem lá as suas verdades, tanto quanto é também questionável. Deve ser levada em consideração à medida que entendemos que o futebol pode ser aprendido nas suas diversas dimensões por intermédio de uma prática não intencional (sem a presença efetiva de um professor), que talentos dotados e autodidatas sempre surgiram e surgirão também dessa prática. Da mesma forma, porém que essa frase não deve ser levada em consideração se analisarmos que o professor é peça insubstituível para a formação integral do aluno por intermédio do esporte.

Compreendemos, então, que o professor não ensina ninguém, apenas faz, com sabedoria, o aluno descobrir aquilo que tem adormecido dentro dele, desenvolvendo-o de forma integral e apropriada para a modalidade e para a vida, de acordo com a necessidade de cada indivíduo. O ensino do futebol nas escolinhas, porém, pode seguir um caminho educativo, retilíneo e harmonioso (nas mãos de um bom profissional) tanto quanto pode seguir um caminho pouco educacional, sinuoso e cheio de pedras, dependendo do entendimento e conhecimento que o professor tem a respeito de como (e baseado em que) deve ser o ensino do futebol.

É certo que a criança de hoje não é a criança do século XX. A criança do novo século tem nova e atual visão do mundo e da vida, novas, poucas ou talvez infinitas perspectivas para o futuro, não se sabe ao certo. Mas é verdade que essa criança adquire e prolifera informação de forma muito mais avançada que as crianças de trinta anos atrás. A criança do presente clama por saber, clama por adquirir novos conhecimentos. E é exatamente por isso que acreditamos na necessidade de um professor renovado, capaz de proporcionar novos caminhos para o saber a partir do Futebol. Tolice é repetir práticas passadas, acreditando que a criança da atualidade necessite apenas das mesmas informações do século XX, informações essas capazes de formar gerações que tinham outros hábitos, gostos e objetivos. Há trinta anos, poucos eram os garotos que não vivenciavam diariamente o futebol na rua e, se fosse tirado o futebol de um garoto por um dia, ele enlouquecia. Hoje, a juventude é mais sedentária, o jovem se encontra em menor escala nas ruas, o futebol aparece oferecido em clubes e escolinhas específicas. É tirar o DVD, os joguinhos eletrônicos, exatamente o que mexe mais com o brio de um garoto. Pensemos, então, o quanto toda essa tecnologia pode e deve também nos auxiliar para atrair esses jovens para o nosso trabalho. Seja para atingi-los naquilo que eles sentem e ao mesmo tempo privilegiar suas diversas habilidades que não somente as físicas. Seja por utilizar dessa abordagem extrínseca – no caso dos "games"-, para internalizar em nossos alunos o interesse pela sua participação efetiva na escolinha e tornar assim o Esporte intrínseco para suas vidas.

Não precisa pensar muito para imaginar que sai na frente aquele que consegue aproximar os variados meios para internalizar na criança o gosto pelo esporte, tanto quanto aquele que busca a quebra do paradigma que escolinha de futebol não serve só para ensinar a jogar bola. Acredita-se que o horário de ensinar a jogar o futebol é sagrado e não deve sofrer interferência de atividades paralelas. Acredita-se também que tão importante é criar outros horários para que o garoto, na companhia dos seus colegas de grupo, no ambiente em que ele adora estar – escolinha de futebol –, possa desenvolver outros conhecimentos e desfrutar de momentos sadios e dinâmicos.

5.3 A importância de proporcionar uma aula rica

A visualização dos quadros de sugestões anteriormente propostos em comparação com os quadros das observações colhidas nas escolas durante a pesquisa, permite mostrar justamente aquilo que não foi observado em praticamente nenhuma das escolas, mesmo naquelas que consideramos desenvolver um bom trabalho: o quão mais rica pode ser uma aula de futebol no que diz respeito à utilização dos diversos métodos dispostos ao ensino de jovens durante as várias fases de uma aula.

Convém lembrar que as observações feitas na pesquisa visaram averiguar os métodos utilizados pelos professores e que as entrevistas visaram averiguar o conhecimento dos professores a respeito do método integrado no ensino da modalidade futebol, uma vez identificadas as escolas que lidavam bem com suas aulas, nas diversas categorias pesquisadas, utilizando os métodos em fases que julgamos adequadas; mesmo assim, acreditamos sempre que tais aulas poderiam ser muito mais ricas do que se apresentavam e nossa sugestão, agora, evidencia bem isso.

"Brincar" com a utilização desses métodos é uma qualidade dos bons profissionais, mas que exige conhecimentos ímpares, capazes de levá-los a conseguir essa habilidade de "brincar com métodos", ou seja, habilidade de saber trabalhar, bem e de acordo com as reais necessidades dos alunos em questão, os diversos métodos existentes durante o tempo de aula. Adquirir amplo conhecimento profissional deve ser mais que uma necessidade do professor, deve ser, para ele, sobretudo, um prazer. Conhecer as diversas possibilidades metodológicas e a maturação da criança e do adolescente em cada fase de seu desenvolvimento deve ser a preocupação principal de quem trabalha com as categorias de base.

Não se pode aceitar mais que o conhecimento de senso comum ou de ritos culturais sobreponha o conhecimento gerado pela ciência. É sabido que todo esse conhecimento tem também o seu valor, mas não pode ser o condutor principal do ensino de jovens. O novo século trouxe a necessidade de aprimorar conhecimentos e dar oportunidade aos professores para rever posições e adotar uma nova postura mais lúcida, adequada à atual realidade. Os novos tempos facilitaram a comunicação, a informação. A pesquisa chegou ao ensino do futebol de forma mais efetiva e por intermédio da área de pesquisa denominada: Intervenções Pedagógicas na Educação Física e Esporte. Os pesquisadores dessa área, como nós, que têm trazido contribuições significativas à Educação Física e ao Esporte, não são "qualquer um" ou menos ainda "simples curiosos". São pessoas qualificadas, cuja curiosidade é movida por ações baseadas em fatos e descrições altamente científicos. Capazes de observar e sugerir novos e mais adequados caminhos para o ensino da modalidade neste atual momento. À medida que as principais dúvidas são respondidas, novos rumos serão dados sempre, e é uma qualidade do bom profissional de qualquer época estar com a mente aberta à nova possibilidade sempre!

Quando neste estudo se sugere "brincar" com os métodos, não se fala de uma brincadeira irresponsável ou da utilização à toa dos diversos métodos, apenas para se dizer que se trabalha com eles todos, mas, sim, utilizar os diversos métodos dentro de cada fase de aula mais indicada para cada um deles, de acordo com as diversas faixas etárias em questão, dando ênfases em suas reais necessidades. Privilegiar cada faixa etária aquilo que lhe é próprio, na dose exata e de forma diversificada. Assim, acredita-se que somente quem realmente goste de determinada modalidade e tenha talento para a profissão seja capaz de ter tal cuidado e efetivar um ensino de qualidade, bem centrado e detalhado em seus aspectos metodológicos.

Não há mais espaço (ou pelo menos não deveria haver) para aquele professor que aplica "fundamentos" apenas por aplicar, sem compreender os métodos que está utilizando, sem compreender o que é mais adequado a cada jovem em questão, fazendo por fazer apenas porque sempre foi feito assim e, portanto, é "lei" continuar acontecendo de tal forma. Exige-se comprometimento com a profissão, conhecimento profundo de novas ideias advindas por experiências mais atuais. Exigem-se investigação, conhecimento e sensibilidade na compreensão de cada distinta realidade de trabalho que existe por cada local deste país e do mundo, na evidente construção e perseguição de se atingir objetivos concretos, a serem traçados. Como diz o antigo ditado romano: DAI A CÉSAR O QUE É DE CÉSAR!

Ninguém é capaz de fabricar um talento profissional. Ele se autoproduz pela sua incansável busca (formação e vivência) atrás de repostas. Ele enfrenta o céu e a terra para chegar a conclusões mais exatas e próximas de sua realidade. Cabe a cada professor buscar aquilo que procura e pretende atingir. Alguns apenas repetem práticas, outros vão atrás e pesquisam muito. Muitos bons começam a lecionar e param no meio do caminho, outros péssimos persistem e vice-versa, essa é uma comum de toda e qualquer área de atuação profissional sempre, que não somente a Educação Esportiva. Mas os talentos (que muito duro dão) vão sempre mais longe e acabam por se destacar de alguma forma, essa é a tônica principal da vida. A esses cabe o reconhecimento e crédito pelo seu esforço e dedicação.

Este estudo não é a verdade absoluta, tanto quanto é um ponto de vista aceitável no momento, reconhecido e respaldado pela ciência. A evolução dos métodos que nos trouxe até aqui irá continuar pelos novos tempos vindouros e caberá sempre detectar e compreender novos momentos e novas verdades durante os diversos momentos da vida e das diversas necessidades humanas. Estar atento é necessário. Sigamos o lema dos escoteiros: *sempre alerta*!

Sugestões de atividades

Nossa intenção, neste capítulo, é mostrar a prática de tudo que discutimos anteriormente, no que acreditamos possibilitar ampliar o leque de conhecimento de professores e "treinadores" de crianças e adolescentes (fazemos questão de lembrar que colocamos aspas em treinadores pelo fato de acreditarmos que crianças e adolescentes precisam mesmo é de professores). O objetivo é dar subsídios suficientes para que o profissional possa tornar a sua aula mais rica, trabalhando na perspectiva de todos os métodos possíveis que possa explorar. Iniciaremos nossas sugestões pelos exercícios das três fases de aplicação específica do nosso método integrado de ensino, porém, passaremos por todos os métodos adequados ao ensino de jovens, anteriormente citados neste estudo – método recreativo, método analítico e método cooperativo.

6.1 Atividades do método integrado de ensino

Para a fase específica de aplicação desse método, denominada formas jogadas, acreditamos que, na faixa que compreende os 5 e 6 anos de idade, os *jogos de remates de precisão* (alvo) e os *jogos de estafetas* simples satisfaçam bem as necessidades dessa faixa etária, aplicados durante a aula propriamente dita. É interessante *combinar* jogos de estafetas com exercícios de domínio da técnica individual e também exercícios que favoreçam a aquisição dos padrões fundamentais do movimento, parece-nos essencial. Isso já a partir dos 5 anos de idade, de forma adequada.

Após essa faixa etária, esses jogos necessitam de maior complexidade (colocados de forma gradual) por já se tratar do período descrito como crescimento (dos 6 aos 12 anos de idade), em que a ênfase aos aspectos técnicos deva ser propiciada. Acreditamos que, entre 11 e 12 anos de idade, os *jogos pontuados por número de ações conseguidas* e os *jogos temporais* de maior complexidade começam a ser mais bem decifrados e efetuados pelas crianças. Observamos para os exercícios sugeridos a seguir também uma fusão entre *jogos de estafetas* e *jogos de remates de precisão* no quinto exemplo.

Ressaltamos que não há contato físico entre equipes nos jogos das formas jogadas – talvez essa seja a sua principal característica que poderemos averiguar nos jogos a seguir. Entendemos como principal diferença das formas jogadas para as outras duas fases específicas de aplicação do método integrado de ensino (jogos reduzidos e jogos modificados), exatamente o fato de esses todos permitirem um contato corporal maior, uma vez que formas jogadas praticamente não permitem.

Compreendemos então:

Jogos de estafetas são exercícios sem confronto direto, em que há colunas ou equipes competindo entre si, em que exista um percurso a ser cumprido e uma tarefa a ser executada nesse percurso (de acordo com a criatividade do professor). Como veremos, nos jogos de colunas, não precisa necessariamente existir uma bola em jogo, inclusive, no início da aplicação de cada atividade, é louvável que se faça sem bola, aumentado aos poucos o nível de dificuldade da atividade. Como recursos, a atividade pode ser aplicada com obstáculos a serem contornados, saltados, ultrapassados de diversas maneiras ou ainda de forma mais descaracterizada, quando há o enfrentamento indireto (sem contato) de duas equipes em jogos que requeiram velocidade, mas que não necessariamente se demonstrem apenas por joguinhos organizados em colunas – o que parece ser uma lógica quando se fala em jogos de estafetas, mas não é. Esse jogo de estafeta descaracterizado, a que nos referimos aqui, e alguns dos jogos que constam a seguir demonstram muito bem essa forma de jogo sem contato físico entre equipes que disputam uma mesma tarefa nos mesmos espaços de forma mais dinâmica que nos jogos de estafetas comuns. Compreendemos ser essa forma de jogo uma evolução do jogo de estafeta comum, que permite uma ação maior em território maior, exigindo atenção e visualização maior da quadra de jogo nas ações de sua equipe e da equipe adversária. É uma preparação para a segunda fase específica de aplicação do método – jogos reduzidos – em que os jogos passam a ter enfrentamentos que permitem os contatos físicos e ficam ainda mais dinâmicos.

Jogos de remates de precisão são todos aqueles em que as finalizações se fazem presentes em grandes e pequenos alvos, com grandes e pequenas bolas ou materiais diversos e ainda em arremessos ou chutes.

Jogos pontuados por número de ações conseguidas são todos aqueles em que se contam pontos a cada passe efetuado, a cada tarefa cumprida, como, por exemplo, veremos no *"fut-baseball"*, em que uma das tarefas do jogo consiste em derrubar os cones para pontuar.

Jogos pontuados por ações temporais são todos aqueles em que há um tempo estipulado que determina o fim da ação.

Cabe ressaltar ainda a diferença entre jogo e exercício. Jogo tem início e fim bem definidos, entretanto, o que acontece em seu desenvolvimento é indefinido. Já exercício tem início e fim definidos.

6.1.1 Atividades de formas jogadas

6.1.1.1 Estafeta

- Duas filas lado a lado, um percurso a cumprir (a distância de 15 m). Os alunos de cada fila deverão conduzir a bola até o local estipulado, deixá-la lá e voltar às suas respectivas filas batendo nas mãos dos colegas que estão posicionados à frente das filas, para que estes partam em direção às suas bolas e as conduzam de volta entregando-as aos próximos das filas e assim sucessivamente até chegar os últimos.

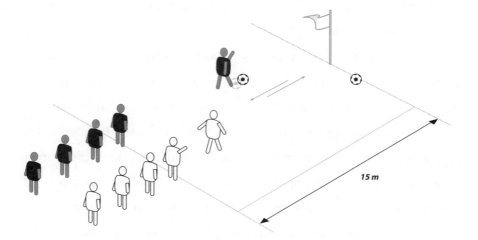

FIGURA 6.1 – Estafeta.

- Cinco filas posicionadas lado a lado dentro da grande área de um dos campos – todas de frente para o outro campo. Ao sinal do professor, os primeiros de cada fila deverão partir em velocidade rumo ao meio-de-campo, passar a bola da linha que divide o campo e retornar para entregar a bola para o próximo da fila, que fará o mesmo percurso até que o último da fila o faça. Cada um dos jogadores, ao retornar à fila, deverá entrar no seu final.

- O mesmo exercício anterior, tendo, porém, cinco filas também posicionadas no meio-de-campo, de modo que cada fila tenha outra correspondente a ela do outro lado. As formas de conduzir a bola devem ser as mais variadas possíveis, desde as mais simples até as mais complexas, de acordo com a faixa etária em questão.

- Dois grupos, cada um deles com uma fila dentro das duas áreas da quadra, uma de frente para a outra. Cada equipe com uma bola. Ao sinal do professor, os grupos deverão passar a bola entre suas respectivas filas de uma área para a outra, contando o número sequencial de passes realizados. A equipe que realizar dez passes primeiro ganha.

- A mesma formação anterior só que, quando acabar de contar o décimo passe, as filas deverão trocar rapidamente de áreas e executar mais dez passes. Aquele que concluir primeiro ganha o jogo.

- A mesma formação do quinto exemplo de exercício sugerido aqui só que, quando acabar de contar o décimo passe, a equipe toda deverá formar uma única fila em qualquer dos lados e seguir juntos com as mãos nos ombros dos colegas da frente, rumo à área contrária. Vence aquela fila que adentrar totalmente à área primeiro.

6.1.1.2 Estafeta visando à aquisição dos padrões fundamentais de movimento

- Duas colunas posicionadas em lados opostos, cada uma delas com um percurso (de aproximadamente 30 m) em forma de corredor que termina ao lado da outra fila. No percurso de cada fila, deverá existir um colchonete bem no meio e um túnel logo em seguida desse colchão, a aproximadamente 8 m de distância. Cada jogador de cada equipe terá que conduzir a bola até o outro lado do percurso e voltar, tendo que adiantar a bola quando chegar ao colchonete, para que possa dar uma cambalhota no colchonete e voltar a pegar a bola mais à frente, a fim de conduzi-la até o túnel, e adotar o mesmo procedimento, dessa vez, adiantando a bola, para que possa ultrapassar o túnel por dentro e pegá-la posteriormente a ele. Depois, deverá ir até o local estipulado e retornar novamente, passando por dentro do túnel e dando cambalhota no colchonete antes de passar a bola ao amigo.

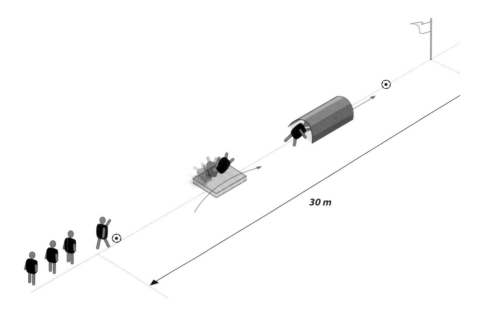

FIGURA 6.2 – Estafeta visando à aquisição dos padrões fundamentais de movimento.

- Quatro filas posicionadas lado a lado, quatro cordas de 10 metros cada, estendidas no decorrer dos devidos percursos das quatro filas, numa altura equivalente à canela. Depois da corda, deverá haver diversas bolas de tênis dispostas nas quatro filas e um latão no final do percurso. Ao sinal do professor, cada um dos primeiros integrantes das quatro filas parte em disparada pelos seus respectivos percursos, saltando suas cordas com os pés juntos de um lado para o outro até chegar ao final da corda. Nesse momento, continuarão seus percursos correndo até chegar à demarcação que os deixará separados do latão por aproximadamente 3 metros. Cada um dos integrantes deverá pegar, arremessar e acertar uma bola de tênis dentro do seu latão estipulado, para que possa retornar correndo para sua fila e bater na mão do próximo que dará sequência ao jogo até que o último participe. Como variação deste exercício pode haver um golzinho no lugar do latão e bolas para serem chutadas, a fim de acertar o golzinho.

- Duas filas lado a lado. Ao sinal do professor, os primeiros de cada fila deverão correr de costas pelo percurso de 20 metros até o local estipulado onde deverão saltar três vezes por cima de um obstáculo que estará instalado para cada fila. O aluno deverá voltar à fila e bater na mão do colega para dar sequência ao jogo.

- Três filas lado a lado, tendo cada uma em seu percurso de 25 m cinco bambolês espalhados sequencialmente um após o outro. Ao sinal do professor, os primeiros alunos de cada fila deverão sair correndo em direção aos seus bambolês e, chegando a eles, deverão saltá-los com uma perna só, continuando a correr até o local estipulado, a fim de voltarem ao atingirem esse ponto, saltarem novamente, dessa vez com a outra perna, batendo na mão do colega e dando sequência ao jogo.

6.1.1.3 Estafeta descaracterizada como atividade temporal

Um campo de 15 x 30 m dividido em três partes de 10 metros. A parte central, compreendida como zona morta, apenas servirá para percurso dos jogadores. Haverá uma equipe de cada lado do campo, tendo diversas bolas (em número igual nos dois campos) espalhadas em cada campo. Ao sinal do professor, cada equipe deverá conduzir bola (cada jogador poderá conduzir apenas uma por vez) para o campo adversário, deixando-a lá e voltando para pegar outra para também depositá-la no campo adversário. Ao final do tempo estipulado pelo professor, vence aquela equipe que tiver menos bolas em seu campo.

6.1.1.4 Estafeta descaracterizada

Para retirar o efeito temporal do exercício anterior, pode-se estipular que a equipe vencedora desse jogo será aquela que conseguir retirar metade das bolas dispostas em sua quadra. Por exemplo, se existiam 10 bolas antes de começar o jogo em cada quadra, quando qualquer uma das equipes ficar com apenas cinco bolas em sua quadra, a outra é considerada vencedora. Essa forma de jogo é mais extenuante e exige grande atenção dos jogadores todo o tempo para o número de bolas que existem, tanto em sua quadra como na quadra adversária, assim como para a ação de colegas de equipe e adversários. É um jogo mais apropriado para adolescentes.

6.1.1.5 Estafeta descaracterizada como atividade de característica temporal

Em um campo de 15 x 15 m, um aluno ocupará cada canto tendo ao centro aproximadamente vinte bolas. Ao sinal do professor, cada aluno deverá conduzir uma bola por vez, procurando somar em seu canto o maior número de bolas possível.

6.1.1.6 Atividade de característica temporal

Em grupos de quatro alunos, cada aluno do grupo se posicionará em um dos quatro cantos da quadra ou campo de 30 x 15 m. A bola partirá de um aluno, que terá de conduzi-la ao primeiro aluno posicionado no sentido anti-horário. Assim, um levará a bola para o outro até que ela chegue ao ponto de partida. O professor marcará o tempo de cada grupo e ganhará aquele que fizer o percurso em menor tempo. Como variação, o professor pode estipular o número de toques dados pelo condutor na bola.

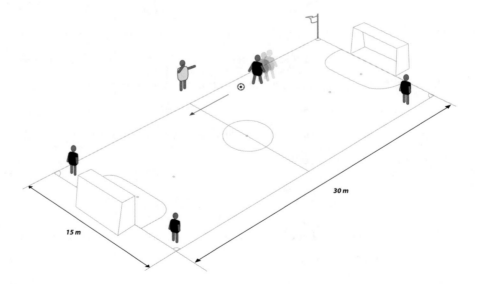

FIGURA 6.3 – Atividade de característica temporal.

6.1.1.7 Remate de precisão

- Cinquenta balões de encher presos numa parede, duas equipes em espaços restritos para cada uma delas, dispostas com diversas bolas de pesos e tamanhos diferentes. Ao sinal do professor, serão desferidos chutes em direção aos balões, a fim de tentar estourá-los. Cada balão estourado equivale a um ponto para a equipe. Quando todas as bolas foram chutadas, computa-se o resultado. Como variação, pode-se (e deve-se) trabalhar também o arremesso; pode-se variar pontuação de acordo com a altura das bolas acertadas. Atentar para a altura em que se colocam as bolas para as faixas etárias iniciais, podendo variar mais essas alturas após os 10 anos de idade e cada vez mais à medida que os alunos vão crescendo e se desenvolvendo.

No CD ROM Método Integrado de Ensino no Futebol consta no exemplo 2 de formas jogadas - em computação gráfica - jogo semelhante a este, porém, com os balões presos á trave de jogo.

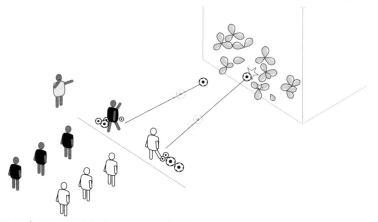

FIGURA 6.4 – Atividade com os balões.

- Em dupla, um posicionado de frente para o outro, estando cada um numa das linhas laterais da quadra de jogo. Ao sinal do professor, um tentará acertar a bola por baixo das pernas do outro, e, quando um for chutar a bola, o outro deverá abrir bem as pernas. Quem acertar dez vezes primeiro, ganha o jogo.

FIGURA 6.5 – Atividade em dupla com bolas.

- Em dupla, um de frente para o outro com um bambolê no chão, localizado no meio dos dois jogadores, a uma distância de aproximadamente 5 metros de cada jogador. Os jogadores trocarão passes tentando fazer que a bola quique no bambolê antes de chegar ao colega. Cada ação conseguida equivale a um ponto.

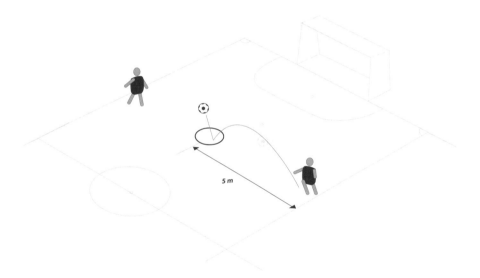

FIGURA 6.6 – Atividade em dupla com bambolê.

- Em trio, com a mesma disposição descrita no exercício anterior, o terceiro elemento posiciona-se com as pernas bem abertas no meio dos dois alunos que se encontram um de frente para o outro – em cima das linhas laterais da quadra. Ao sinal do professor, os dois alunos posicionados em cima das linhas laterais tentarão acertar a bola pelo meio das pernas do colega posicionado entre eles. Quem acertar dez vezes primeiro ganha o jogo.

Para melhor visualização, este jogo a seguir consta no CD ROM, Método Integrado de Ensino no Futebol, disposto no exemplo 3 de formas jogadas.

- Seis bambolês presos na trave de jogo, valendo cada um uma pontuação a ser definida pelo professor. Essa pontuação deverá privilegiar com valor mais elevado os bambolês que apresentarem maior dificuldade de acerto. Duas equipes posicionadas em espaços restritos. Ao sinal do professor, as equipes chutarão as diversas bolas dispostas, tentando acertar os bambolês e pontuar o máximo possível. Ao final das bolas das duas equipes, contabiliza-se o resultado. Como variação, deve-se alterar as formas de chutar a bola, tanto com relação aos vários planos de chute como as pernas de chute; também trabalhar o arremesso.

- Este jogo, criado pelo professor Apolo, denominado *fut-bocha*, pode ser jogado em 1 x 1, duplas, trios ou ainda entre duas equipes contendo diversos participantes. Um cone ou uma *medicine-ball* fica posicionado a 15 metros de distância dos jogadores. O jogo consiste em cada participante chutar cinco bolas alternadamente, tentando aproximar ao máximo as bolas do cone, *medicine-ball* ou ainda, quem sabe, de uma demarcação feita com giz no chão. Vence aquele que ao final tiver sua bola mais próxima de qualquer um dos materiais citados. Nas categorias menores, costuma-se utilizar bolas de tamanhos e pesos variados.

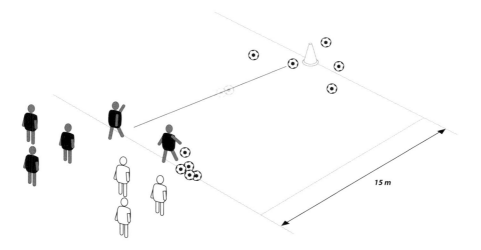

FIGURA 6.7 – *Fut-bocha*.

- Em duplas, um de frente para o outro, cada um com um bambolê à sua frente, no chão. O jogo consistirá em cada um dos jogadores jogar a bola para o alto, para que o companheiro domine-a, fazendo-a cair dentro do bambolê. A cada bola dominada, conta-se um ponto para quem dominou. Como variação, pode-se estipular pontos diferentes por partes do corpo a dominar a bola.

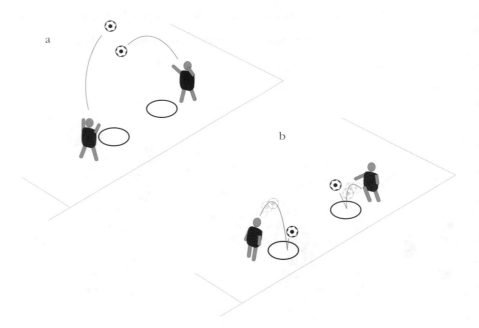

FIGURA 6.8 – Atividade em duplas com bambolês e bolas.

- Em duplas, um de frente para o outro, tendo cada um, uma unidade de bambolê à sua disposição. Quando um colega arremessar a bola, o outro deverá jogar o bambolê no chão, para que a bola caia dentro dele, valendo um ponto para o colega que conseguir antecipar onde a bola vai cair, ou seja, ponto para o colega que fizer a bola cair dentro do bambolê por ele arremessado.

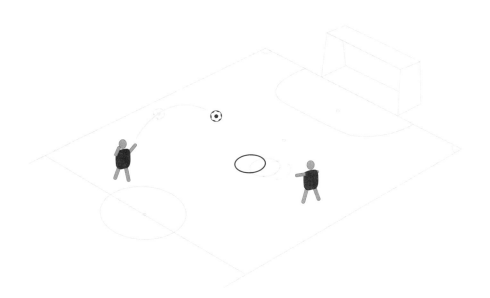

FIGURA 6.9 – Atividade em duplas.

- Duas equipes com seus jogadores posicionados em cima de suas respectivas linhas de fundo. Uma *medicine ball* no meio da quadra e cada equipe em posse de várias bolas. Ao sinal do professor, deverão chutar com intuito de acertar e empurrar a *medicine ball* para a outra quadra. Ganha aquele que não estiver com a bola em sua quadra quando terminado o tempo estipulado pelo professor. Esse jogo que entendemos e classificamos como remate de precisão, também é considerado como uma atividade recreativa por seu efeito divertido e por isso no bônus do cd ROM citamos esse jogo como uma atividade recreativa.

6.1.1.8 Jogos pontuados por número de ações conseguidas

- Em círculo, os alunos jogam o tradicional "bobinho", podendo tocar na bola uma única vez a cada jogada, contando o número de passes trocados entre eles, tendo ao centro um aluno – "o bobinho" – que tentará interceptar qualquer um dos passes. Entra na roda como novo "bobinho" aquele aluno que tiver seu passe interceptado. Como variação, pode-se contar com dois "bobinhos" na roda.

- Um espaço quadrado de 15 x 15 metros demarcado com cones. Dentro do quadrado, fica o "bobinho" e fora, ocupando cada uma das laterais, ficam os quatro alunos que trocarão os passes. A dinâmica do jogo consiste na mesma explicada no exercício anterior. Como variação, podem-se colocar dois bobinhos; pode-se aumentar o número de toques que cada jogador tem direito de dar na bola – para dois ou três. Esse espaço de 15 x 15 metros permite a criação de outros vários campos de jogo num mesmo espaço, realizando diversos joguinhos ao mesmo tempo.

- Dois grupos grandes em número iguais de alunos. Cada grupo deverá ocupar um lado da quadra ou do campo de jogo em círculo. No meio de cada grupo, terá um aluno do grupo adversário. Ao sinal do professor, cada grupo tentará executar passes sem que o adversário intercepte, de modo que, a cada vez que complete dez passes, o aluno a realizar o décimo passe saia em direção ao centro da quadra ou centro do campo e sente. Cada vez que o aluno adversário tocar a bola, inicia-se a contagem de passes do número um novamente. Vence a equipe que completar nove alunos sentados no meio da quadra ou campo.

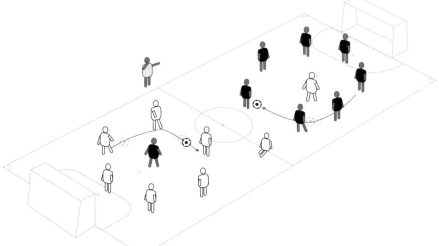

FIGURA 6.10 – Jogos pontuados por número de ações conseguidas.

- O mesmo exercício anterior, diminuindo o número de passes para apenas três.

- A mesma formação do jogo anterior – dois grupos em círculo, tendo um aluno adversário no centro, porém, um colega do grupo fica no centro da quadra. A cada vez que o grupo trocar três passes, aquele que executou o terceiro passe deverá sair da roda e correr na direção do centro da quadra, tocando na mão do colega e trocando de posição com o colega que lá está. A equipe que conseguir trocar de posição dez vezes ganha o jogo.

6.1.2 Atividades de jogos reduzidos

Alguns dos jogos a seguir deixam claro que acreditamos que cooperação e competição caminham muito bem juntas na formação esportiva, sem uma anular a outra. No dos jogos reduzidos, pode-se reunir muito bem esses dois fatores nas regras adaptadas dos jogos, conforme poderemos ver no quinto e sexto exemplos dos jogos a seguir.

- Uma quadra de 30 x 15 m, sendo cada equipe composta de quatro jogadores, dois golzinhos para defender e dois golzinhos para atacar em lados opostos do campo de jogo. Esse jogo tira a perspectiva de um alvo apenas, contido no jogo comum, e possibilita que os alunos passem a visualizar melhor os companheiros distribuídos em quadra e as oportunidades de marcar tentos para sua equipe.

Para melhor compreensão, no CD ROM Método Integrado de Ensino no Futebol consta no exemplo 3 de jogos reduzidos. Este jogo com formação de 5x5 jogadores.

- O mesmo jogo anterior na perspectiva de 3 x 2 – superioridade numérica – possibilita a evolução da marcação, tanto quanto da objetividade do ataque, pois no jogo comum são usuais as situações de contra-ataques com superioridade numérica no ataque. Uma vez tomada à bola pela equipe em número inferior de jogadores – inferioridade numérica –, cria-se outra situação comum em contra-ataques com número inferior de jogadores no ataque.

- O mesmo jogo anterior na perspectiva de 5 x 4, mas um dos jogadores é "coringa", ou seja, joga para a equipe que tem a posse de bola, criando, assim, situações contínuas de superioridade numérica no ataque.

- Espaço de 30 x 15 m, vários golzinhos de 1 m feitos com cones, espalhados por esse espaço. Duas equipes de quatro jogadores se enfrentam tendo que passar a bola por entre os golzinhos para marcar tento. O passe tem que ser completo, ou seja, deve ser recebido pelo companheiro de equipe do outro lado do golzinho, para que se compute o tento. O número de toques a ser dado na bola por aluno durante o jogo deverá ser estipulado pelo professor de acordo com o nível da turma em questão.

Método integrado de ensino no futebol

Este jogo consta em computação gráfica no exemplo 2 de jogos reduzidos do CD ROM Método Integrado de Ensino no Futebol.

- Campo de 60 x 40 m, nove jogadores para cada lado. A cada gol marcado, quem faz o gol sai de campo por dez minutos ou até sair um gol da equipe adversária.

- Campo de 40 x 30 m, cinco jogadores para cada lado, a cada gol, quem faz o gol passa para a equipe adversária, o que proporciona igualdade, superioridade e inferioridade numérica em um único jogo, por diversas vezes.

- Duas equipes de quatro jogadores cada, num espaço de 30 x 15 m. Cada lado do campo de jogo terá uma área demarcada por cones que ocupará 4 metros para dentro do campo de jogo a partir da linha de fundo (paralelamente a linha de fundo). O objetivo das duas equipes será ultrapassar a linha da área adversária, trocando passes ou conduzindo a bola, a fim de adentrar a área adversária em posse da bola para marcar tento.

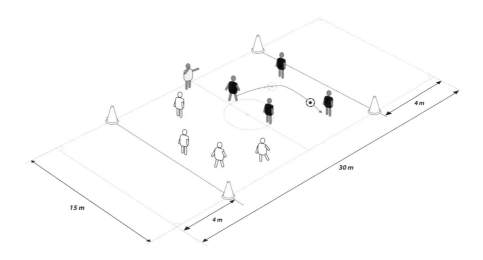

FIGURA 6.11 – Atividades de jogos reduzidos.

- A mesma formação do exercício anterior, porém, utilizando as mãos. O jogador não poderá correr, nem andar com a posse de bola, caso isso ocorra, a posse de bola passará para a equipe adversária.

- Duas equipes posicionadas, cada uma em um lado da quadra e fora dela atrás de cada linha de fundo. Cada jogador da equipe estará representado por um número. O professor gritará um número ao mesmo tempo que arremessará a bola para o alto, de modo que caia na direção do centro de quadra. Os jogadores que representam o número chamado pelo professor deverão entrar em quadra e se enfrentar em 1 x 1, tentando marcar gol – que só pode ser feito dentro de uma pequena área marcada em cada lado do campo – e evitando que o adversário faça gol. O professor poderá chamar mais que um número, propiciando enfrentamentos de 2 x 2, 3 x 3 etc.

- Duas equipes de quatro jogadores num espaço de 30 x 15 m. Cada jogador poderá tocar na bola apenas duas vezes a cada jogada. O jogo consiste em fazer a bola ultrapassar a linha de fundo adversária tocada com o "bumbum". O toque com o "bumbum" pode ser sentando na bola ou tocando com o "bumbum" qualquer bola alçada.

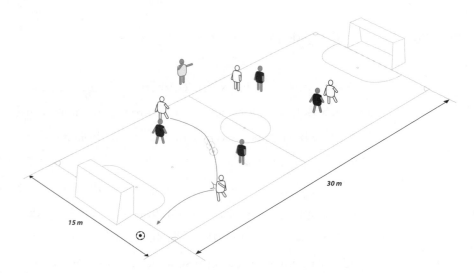

FIGURA 6.12 – Atividades de jogos reduzidos (2).

- Mesmo jogo anterior, apenas com a participação do coringa – jogador que pode jogar para as duas equipes – que deverá jogar sempre para a equipe que estiver em posse da bola. O coringa não pode marcar ponto, mas, sim, passar a bola. Esse jogo favorece a constante superioridade numérica para ambas as equipes em jogo.

- Duas equipes de cinco jogadores dentro de um campo de 30 x 15 m. Uma bola que pule (bola de handebol, bola de minibasquetebol ou bola de borracha) e vários bambolês espalhados pelo campo de jogo. Os jogadores, para conduzir a bola, deverão quicá-la no chão, assim como se faz no basquetebol, e obrigatoriamente terão que quicar a bola pelo menos uma vez no chão antes de passá-la a qualquer companheiro. Apenas os jogadores que se posicionarem dentro dos bambolês espalhados pelo chão poderão passar a bola diretamente sem quicá-la no chão. Será considerado um ponto quando qualquer equipe ultrapassar a linha de fundo adversária em posse da bola, conduzindo-a, quicando-a no chão.

- Mesmo jogo anterior com mais bambolês, porém, ninguém vai adentrar aos bambolês, e a bola não pode tocar dentro deles. Caso qualquer dos alunos adentre ou ainda a bola toque qualquer dos bambolês a posse de bola passa para a equipe adversária.

- Como variação do jogo anterior, o gol de cada equipe será demarcado por dois cones em cima de cada linha de fundo numa distância de 2 metros um do outro. Para fazer o gol é necessário executar um passe completo entre os cones.

6.1.3 Atividades de jogos modificados

- Iniciamos com uma evolução do primeiro exemplo de jogo citado em jogos reduzidos exatamente para demonstrar que uma simples mudança de regra transforma uma espécie de jogo em outro. Lá citamos o seguinte jogo: uma quadra de 30 x 15 m, sendo cada equipe composta por quatro jogadores, com dois golzinhos para defender e dois golzinhos para atacar em lados opostos do campo de jogo. Como variante capaz de transformar esse jogo reduzido em jogo modificado, colocamos o fato novo de a equipe só poder fazer o gol se os quatro jogadores de sua equipe (atacante) estiverem posicionados na quadra de ataque. Caso um esteja em seu campo de defesa, o gol não será válido.

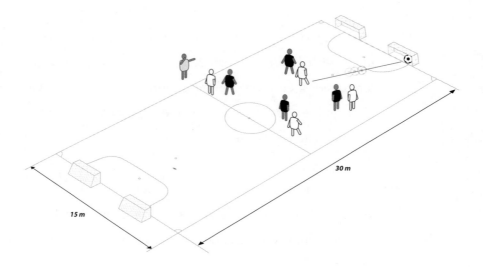

FIGURA 6.13 – Atividades de jogos modificados

- Espaço de 15 x 15 m com um cone em cada canto, tendo um jogador posicionado em cada cone. Dentro do quadrado, dois jogadores se enfrentam em 1 x 1, procurando estar em posse da bola, podendo utilizar qualquer dos quatro jogadores posicionados em cada cone, que por sua vez só podem dar um toque na bola. O jogo tem duração de três minutos e a cada parada trocam-se os dois jogadores de dentro por dois que estão nos cones.

- Uma evolução do jogo anterior, a mesma disposição, porém, os jogadores posicionados nos cones deixam de ser fixos nos cones e podem se deslocar cada um por um dos quatro lados de fora do quadrado, dando, assim, mais opções de ajuda à dupla que se enfrenta no quadrado.

- Espaço de 30 x 15 m, com dois jogadores posicionados em cada lateral do lado de fora do retângulo e três jogadores no lado de dentro. Os oito jogadores posicionados fora podem se movimentar no espaço restrito a eles e tentarão trocar vinte passes consecutivos sem que os três jogadores posicionados dentro do retângulo toquem a bola. É proibido o passe entre jogadores posicionados numa mesma lateral. O jogador que errar o passe vai para dentro do retângulo e o que tocou a bola fica no seu lugar do lado de fora. Esse jogo é uma evolução de forma jogada (bobinho) para jogo modificado, à medida que jogadores têm que respeitar espaços limitados de jogo específicos a eles.

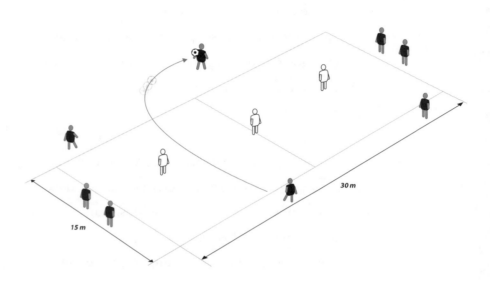

FIGURA 6.14 – Atividades de jogos modificados

- Espaço de 60 x 40 m, oito jogadores em cada equipe, posicionados da seguinte forma: dois laterais, dois zagueiros, dois meio-campistas e dois atacantes. Cada jogador ficará restrito à sua área de atuação, ficando apenas os dois atacantes no campo de ataque. Só poderá passar para o campo de ataque o jogador que fizer o passe (que chegue) para o atacante. Cada jogador poderá tocar a bola duas vezes por lance (dois toques).

- Utilizando o meio-campo de jogo com um goleiro, enfrentam-se quatro atacantes contra três zagueiros. O jogo tem início no meio-de-campo, podendo o jogador optar pela saída de bola entre um atacante posicionado à frente ou outros dois posicionados em cada uma ponta de jogo – com todos movimentando-se intensamente. O gol só poderá ocorrer após um cruzamento de qualquer das pontas.

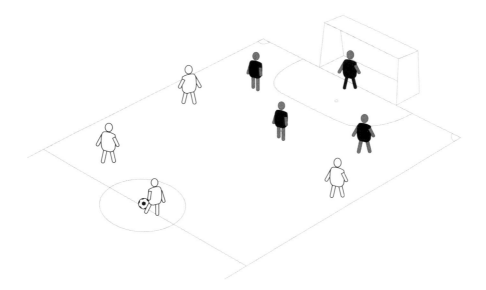

FIGURA 6.15 – Atividades de jogos modificados (2).

- Um campo de 30 x 15 m, quatro jogadores em cada equipe e um golzinho em cada campo. Cada jogador será marcado especificamente por um jogador da equipe adversária, não podendo qualquer outro jogador de cada equipe interferir na marcação de um jogador, a não ser aquele que está marcando. Dessa forma, se o jogador for driblado, somente ele poderá se recuperar (ou não) para impedir que o adversário parta em direção ao seu gol. Caso outro jogador interfira na jogada de um jogador que não seja o seu jogador a ser marcado, será conferido um tiro livre direto (com todos posicionados atrás da linha da bola) para a equipe prejudicada.

- Campo de 60 x 40 m, oito jogadores para cada lado, divididos em dois zagueiros, dois laterais, dois meio-campistas e dois atacantes. Serão destacado pelo professor dois jogadores de cada equipe – por exemplo, um de meio-campo e outro de ataque. Cada vez que esses jogadores trocarem passes no jogo, será considerado um tento. Além dessa forma de pontuação, o jogo será também pontuado normalmente em caso de gols acontecerem. Esse jogo tem o objetivo de reforçar a marcação específica na distribuição de jogo adversário nos mais diversos setores de campo.

- Para este jogo utiliza-se a metade do campo. Em cada lateral, haverá dois golzinhos posicionados nos cantos, afastados a 3 metros da linha do campo. Os alunos se enfrentarão 8 x 8 e as equipes jogarão livremente. A cada gol marcado, mudam a forma de jogar, respeitando a seguinte sequência: três toques na bola; dois toques na bola; um toque na bola; jogar livremente; três toques na bola; dois toques na bola; um toque na bola; jogar livremente; e assim por diante. O que caracteriza o jogo modificado é justamente os jogadores terem de respeitar formas específicas de jogar. A mudança de velocidade de jogo é muito bem trabalhada nesse jogo.

- Em um campo de 30 x 45 m com uma linha central dividindo o campo, haverá dois golzinhos em cada campo afastados da linha de fundo a 3 metros. Os jogadores se enfrentarão 5 x 5. Cada equipe deverá ter dois atacantes e três defensores que não poderão ultrapassar a linha que divide o campo. Cada equipe se enfrentará em situação de ataque em 2 x 3 (inferioridade numérica). Os atacantes tentarão fazer o gol e os defensores tentarão servir os seus atacantes, caso roubem a bola. O que caracteriza o jogo modificado é justamente o fato de os jogadores terem que respeitar zonas específicas de ação.

6.2 Atividades do método recreativo

No caso dos jogos do método recreativo especificamente, há também uma maior presença do aspecto lúdico e de traços das brincadeiras infantis, o que o diferencia de outras atividades muitas vezes compreendidas por nós, adultos, como recreativas, mas que, na realidade, pertencem a outros métodos, sendo classificadas cientificamente. Para compreendermos melhor essa confusão a que nos referimos, deve-se levar em conta que, à medida que há o desenvolvimento e se deixa de ser criança, o entendimento das atividades recreativas também se modifica naturalmente no ser humano. Dessa forma, atividades recreativas para um adulto são normalmente compreendidas como jogos e brincadeiras sem tanta ludicidade quanto as utilizadas com crianças. Engraçado é que determinadas atividades recreativas, em que a ludicidade característica às crianças se faz presente, agradam e fazem adultos parecerem também crianças; já outras atividades se mostram inadequadas. Compreendemos assim que, à medida que há o desenvolvimento, deve existir a adaptação das atividades recreativas, de forma que exista motivação durante sua utilização.

6.2.1 Pega-pega em cima das linhas demarcatórias do campo/quadra

Esse pega-pega pode ser realizado no campo de futebol dentro da grande área de jogo para crianças e no meio-campo ou campo inteiro para adolescentes. No caso de uma quadra de jogo, podem-se respeitar as linhas do futsal. O jogo consiste em um ou mais pegadores e fugitivos que só poderão transitar por cima das linhas demarcatórias do campo de jogo. O professor deve variar a forma de se movimentar em linhas específicas do campo, sobretudo com as crianças para aquisição dos padrões fundamentais do movimento. O jogo para crianças não somente favorece o melhor conhecimento das demarcações do campo de jogo, mas também é capaz de colaborar significativamente para a melhora da condução de bola, se esta for acrescentada.

Essa atividade consta no bônus do CD ROM Método Integrado de Ensino no Futebol para melhor visualização em computação gráfica.

6.2.2 Pega-pega queimada

Não é necessário utilizar uma bola, pode-se utilizar um bichinho de pelúcia velho, desde que seja mole e não contenha adereços que possam machucar as crianças. O jogo consiste em um pegador em posse do implemento que deverá ser jogado para tocar os fugitivos. Como variação, pode-se eliminar cada um que for tocado pelo implemento (versão competitiva) ou passar a ser o pegador aquele que é tocado pelo implemento (versão cooperativa). As duas variações são interessantes, uma vez que a primeira ensina a ganhar e perder e incentiva a criança a competir amigavelmente, além do que inibe aqueles espertinhos que fazem questão de serem queimados para logo queimar. A segunda abre a possibilidade de todos estarem no jogo a todo o momento e por isso é mais dinâmica. Uma boa dica é utilizar também a primeira variação – com eliminação – quando essa atividade precede outra fase do treinamento. Assim, à medida que vai sendo queimado, o garoto já se prepara para iniciar a outra parte da aula, seja com tempo para beber água ou simplesmente mudar de espaço, vestir novo uniforme de treino (colete etc.).

6.2.3 Pega-pega tubarão

Essa atividade compreende um espaço de 20 x 10 m, e no meio do campo haverá uma faixa de 4 m em que ficará restrita ao pegador (tubarão). Os fugitivos (peixinhos) deverão passar de um campo para o outro atravessando essa faixa intitulada aquário, onde fica o tubarão, sem serem tocados por ele. Quem for tocado sai do jogo.

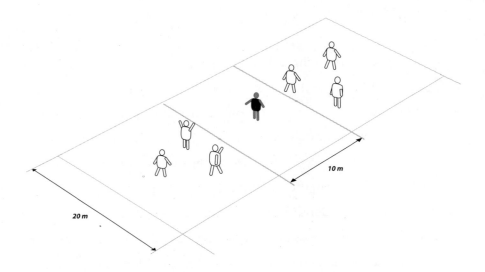

FIGURA 6.16 – Pega-pega tubarão.

6.2.4 Pega-pega golfinhos e sardinhas

É a versão cooperativa do jogo descrito anteriormente. Utilizando a mesma disposição do outro jogo, quem for pego passará para a faixa de

4 m, passando a ser também pegador (golfinho) e ajudar o(s) outro(s) golfinho(s) a pegar o restante dos fugitivos (sardinhas), e, uma vez pegos, passarão também a ser golfinhos.

6.2.5 Pega-pega americano com bola

Esse jogo consiste num pega-pega queimada – já citado – tendo, porém, a regra determinante de que quem for tocado pela bola deverá parar no lugar, abrir as pernas e levantar o braço para demonstrar para os colegas que precisa ser salvo. Assim, qualquer amigo que passe por baixo das pernas deste salva-o, abrindo a possibilidade de voltar ao jogo fugindo novamente.

6.2.6 Rabo do dragão

O jogo consiste em uma roda de jogadores tendo ao centro uma fila de dois, três ou mais alunos – segurando um na cintura do outro. O último dessa fila é considerado o rabo do dragão, que deverá esquivar-se de uma bola que será passada pelos jogadores da roda com o intuito de encontrar o melhor aluno posicionado para queimar o rabo do dragão (acertar a bola nele). Quem acertar a bola passa a integrar a fila na posição do rabo, e o jogador que era o rabo passará para o lugar da cabeça do dragão e quem estava na cabeça passa para a roda para tentar queimar. No caso de o rabo ser composto por três ou mais pessoas, o rabo do dragão então será ocupado pelo integrante da fila que ocupava o meio (penúltimo), quem queimava passa a ser a cabeça e quem foi queimado passa para a roda. O primeiro da fila tem importante papel nesse jogo, pois é ele quem determina para que lado a fila irá virar para esquivar o último (rabo) das ações dos jogadores que integram a roda.

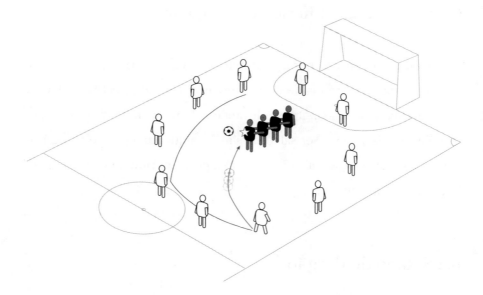

FIGURA 6.17 – Rabo do Dragão.

6.2.7 Ataque das aranhas

Alguns alunos conduzindo bolas pelo campo de 30 x 15 m ou pela quadra onde vários alunos andam em quatro apoios pelo chão (aranhas) tentando pegar a bola. Aqueles que conseguirem pegar a bola passam a conduzi-la e quem a conduzia passa a ser a aranha.

6.2.8 Jogo das imitações

Esse jogo remonta à infância de qualquer pessoa e apresenta como peça principal aquele brinquedinho feito pela vovó com feltro e muito carinho. Como mostram as Figuras 6.18a a 6.18c, o brinquedo é manipulado pelas mãos do professor, há diversas cores à disposição para as crianças escolherem e em cada cor existe um animal a ser imitado. O jogo começa quando o professor escolhe um aluno que lhe dirá um número. O número proposto pelo aluno significará a quantidade de vezes que o professor irá manipular o brinquedo, proporcionando um show de cores aos olhos das crianças. Chegando ao número escolhido, haverá quatro cores à disposição do aluno para que escolha uma. Depois de escolher a cor, o professor falará sobre o animal a ser imitado, ressaltando suas principais características, seu *habitat*, sua importância para o meio ambiente etc. É importante ressaltar que, nessa simples brincadeira, podem ser explorados os animais característicos de cada região. Em nosso trabalho atual (Cubatão-SP), temos utilizado muito nas atividades o guará-vermelho, uma vez que esse animal, é o símbolo da região no resgate das belezas naturais e da qualidade de vida num local que um dia foi mundialmente conhecido como Vale da Morte e hoje é exemplo de recuperação ambiental. Dessa forma, ressaltamos a importância dessa atividade para a melhor compreensão da criança sobre o cosmos que uma simples atividade é capaz de abranger.

FIGURA 6.18a – O jogo das imitações feito pela vovó fica guardado no saquinho.

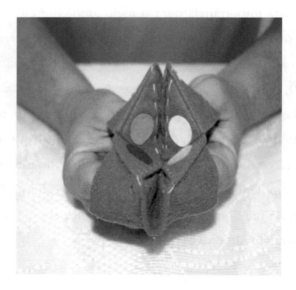

FIGURA 6.18b – Quando utilizado, promove um show de cores aos olhos dos pequeninos.

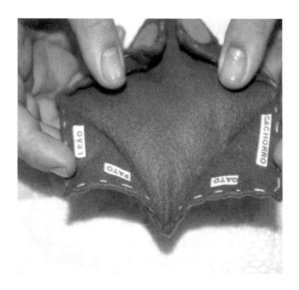

FIGURA 6.18c – Ao escolherem a cor, há um animal para imitar.

6.2.9 Rabinho

Cada aluno receberá um rabinho de pano que será colocado dentro do calção, na parte de trás, de modo que fique pendurado. Ao sinal do professor, os alunos tentarão retirar os rabinhos dos colegas sem deixar que tirem os seus. Cada aluno que perder o seu rabinho sai da brincadeira. No final, computa-se o número de rabinhos pegos por aluno.

6.2.10 Pega-pega com bola

Cada aluno terá uma bola para conduzir, inclusive o pegador. Uma vez tocado pelo pegador, o aluno passa a ser pegador, e o pegador passa a ser também fugitivo.

6.3 Exercícios do método analítico

Cabe explicar apenas para efeito de conhecimento que a diferença entre jogo e exercício está exatamente no fato de exercício ter início meio e fim definidos, enquanto o jogo é completamente indefinido do seu início ao fim.

O que caracteriza os exercícios analíticos é a sua pouca aproximação com a realidade do jogo. As ações são mecânicas, os exercícios, individuais, em duplas, trios, ou ainda em filas. Nesse caso, acreditamos que, na fase de aquisição do domínio e da posse de bola, tanto quanto dos outros fundamentos técnicos individuais que envolvem a iniciação esportiva, os exercícios analíticos são extremamente importantes para o desenvolvimento motor, colaboram para a melhor aquisição da sequência de movimentos e da harmonização de movimentos, sobretudo quando o profissional consegue utilizá-los não somente para trabalhar o mecanismo efetor, mas em especial para reunir recursos capazes de trabalhar o mecanismo decisório. Pretendemos dessa forma citar, a seguir, alguns exercícios puramente analíticos, assim como também colocar alguns poucos exercícios que deixem claro esse aspecto da aplicação do método analítico, visando trabalhar mais que o mecanismo efetor, em especial, o mecanismo decisório. No entanto, discutiremos melhor essa perspectiva assim que citarmos alguns exercícios de domínio de bola, passe e recepção, condução, drible, chute e marcação, característicos desse método.

6.3.1 Exercícios para domínio de bola:

Especificamente no primeiro e segundo exemplos dos exercícios a seguir, veremos algo semelhante a dois jogos colocados em formas jogadas, porém, sem a característica de jogos – início, meio e fim indefinidos –, transformados aqui em exercício analítico – característica individual com início, meio e fim definidos –, o que, mais uma vez, serve para evidenciar bem a diferença entre exercício e jogo.

- Alunos dispostos individualmente. Cada aluno terá um bambolê posicionado no chão à sua frente e uma bola. O aluno jogará a bola para cima e tentará dominá-la para fazê-la cair dentro do bambolê. O professor pode propor diversas formas de dominar a bola. Essa atividade serve como preparação para a utilização de jogo semelhante e mais complexo disposto em duplas anteriormente neste livro.

- Mesma disposição do exercício anterior, porém, ao arremessar a bola para o alto, terá que arremessar rapidamente o bambolê, para que a bola caia dentro dele quando tocar o chão. Assim, como o último exercício, esse também é preparação de outra atividade semelhante disposta em duplas anteriormente neste livro, aquela atividade com níveis de dificuldade e desafio maiores.

- Em trio, um aluno arremessa a bola para o alto e um aluno deverá dominá-la e protegê-la, enquanto o outro deverá antecipar e impedir ou tocar a bola depois de dominada. A cada três jogadas, trocam-se as funções entre os três alunos.

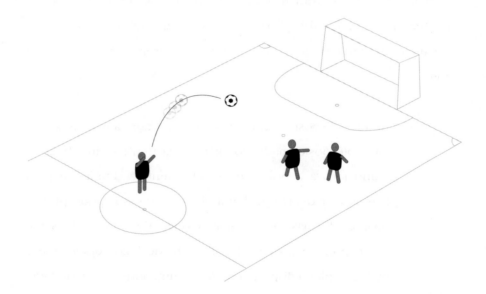

FIGURA 6.19 – Exercícios para domínio de bola.

- A mesma formação anterior, porém, o marcador terá obrigação de antecipar e cabecear a bola, evitando o domínio. Conseguindo evitar, o aluno que tentava o domínio irá arremessar a bola; não conseguindo, ele mesmo irá arremessar, e o jogador que protegia ganha o seu lugar com direito a marcar, enquanto aquele que arremessava passa a tentar dominar a bola.

- Todos os exercícios comuns de domínio em duplas com um arremessando a bola e o outro dominando de acordo com o que for estipulado pelo professor (com os pés, coxa, peito, cabeça etc.).

6.3.2 Exercícios para passe e recepção

Com base no sexto exemplo de exercício a seguir, demonstramos bem a necessidade de aproximação dos exercícios analíticos à realidade daquilo que acontece em jogo, em seu aspecto mais global.

- Em duplas, um de frente para o outro, cada um posicionado em cima das linhas laterais da quadra, as duplas deverão trocar passes *laterais* de acordo com o que for estipulado pelo professor, que poderá explorar as diversas variações, tanto para quem passa como para quem recebe a bola: faces do pé, trajetórias da bola.

- Duas filas, uma em cada lado da quadra. Uma posicionada paralela a uma lateral da quadra e a outra posicionada paralela à outra lateral da quadra, ambas as filas de frente para a quadra de ataque. Ao sinal do professor, deverão trocar passes *diagonais* e, após cada ação, o aluno deverá se encaminhar para o final da fila oposta.

- Duas filas, uma de frente para a outra numa mesma lateral, cada fila de um lado da quadra. Ao sinal do professor, os alunos deverão trocar passes *paralelos*, encaminhando-se por fora da quadra para o final da fila oposta.

- Quatro filas, uma em cada canto de escanteio da quadra de jogo. As filas trocarão passes diagonais, tendo para isso duas bolas para cada duas filas. As bolas ficarão cruzando a quadra de jogo, e cada aluno que fizer o passe deverá mudar de fila sempre respeitando o sentido horário.

- Mesma disposição do exercício anterior, porém, haverá apenas uma bola passando por todas as filas. A fila A deverá passar a bola lateralmente para a fila B, que, por sua vez, fará um passe diagonal para a fila D, que fará um passe lateral para a fila C, que, por sua vez, fará um passe diagonal para a fila A, que fará novamente passe lateral para a fila B, que respeitará a mesma sequência anterior. Nesse exercício, após os passes, os alunos se dirigem para a fila que passaram a bola.

- Nas linhas laterais da quadra, estarão diversos alunos, e outros alunos em duplas tentarão percorrer a quadra pelo seu meio, trocando passes sem serem tocados pelas bolas que serão roladas (percorrendo sua trajetória pelo chão como se fosse um passe lateral) pelos alunos dispostos nas duas laterais. Esse exercício trabalha sobretudo atenção e percepção das ações adversárias enquanto se trabalha a bola. Qualquer um da dupla que for acertado por qualquer bola é o suficiente para a dupla sentar no local em que estavam no exato momento em que qualquer um da dupla foi tocado por qualquer bola.

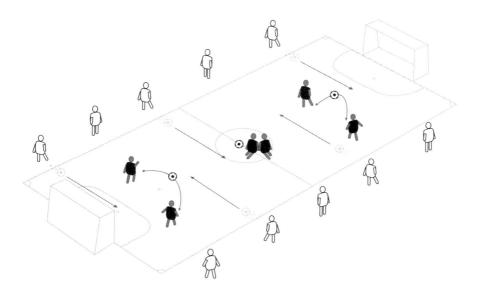

FIGURA 6.20 – Exercícios para passe e recepção.

- Igual ao anterior, porém, a dupla que estiver sentada pode ser salva se qualquer um dos jogadores das outras duplas que estiverem passando saltar por cima de qualquer um dos jogadores sentados.

- Igual aos exercícios anteriores, porém, haverá vários bambolês espalhados sequencialmente em duas filas de bambolês, paralelas uma a outra, num percurso disposto mais para o meio da quadra e os passes só poderão ocorrer quando a dupla estiver cada um dentro de um bambolê de frente um para o outro, necessitando que os dois percorram bambolê por bambolê de seus percursos até efetuarem o passe no último bambolê de cada um.

- Alunos em duplas, cada um com um bambolê. Eles tentarão rodar o bambolê no braço enquanto efetuam passes com a bola nos pés.

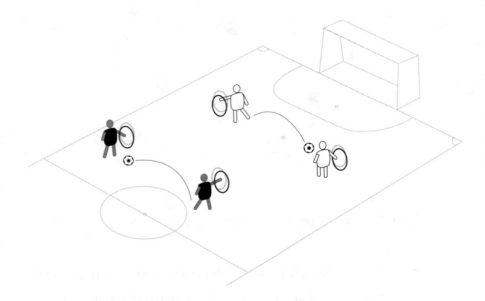

FIGURA 6.21 – Exercícios para passe e recepção (2).

- O mesmo anterior, porém, os alunos deverão estar andando livremente pela quadra tendo um bambolê rodando no braço, trocando passes (com a sua bola e com a bola dos outros) com todos os colegas possíveis que surgirem pelo caminho.

- Em dupla, um de frente para o outro com uma bola e um bambolê. Os alunos deverão passar a bola ao mesmo tempo que rolar o bambolê de um para o outro.

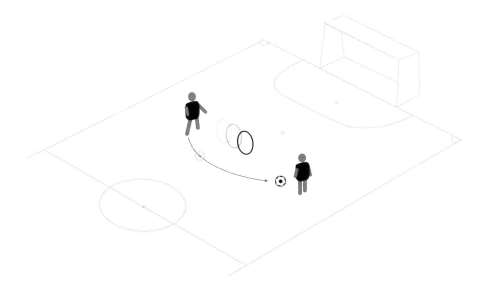

FIGURA 6.22 – Atividade com bola e bambolê.

6.3.3 Exercícios para a condução de bola

Com base no sexto exemplo de exercício, a seguir, demonstramos a necessidade de aproximar os exercícios do método analítico daquilo que acontece na realidade em seu aspecto mais global.

- Alunos com bola correndo livremente pela quadra, ao sinal do professor, deverão rapidamente parar e deitar-se ao lado da bola, levantando também rapidamente ao novo sinal do professor.

- Alunos conduzindo bola pela quadra de forma retilínea, ao sinal do professor, deverão fazer a condução sinuosa (ziguezague).

- Alunos conduzindo bola pela quadra lentamente, ao sinal do professor, deverão desferir velocidade.

- Alunos conduzindo bola pelas linhas em volta da quadra (laterais e de fundo) – todos na mesma direção –, ao sinal do professor, deverão rapidamente mudar de direção, indo todos para o outro lado. A bola deverá estar sempre em cima das linhas demarcatórias a serem percorridas, e a cada inversão de lado, troca-se a perna de condução.

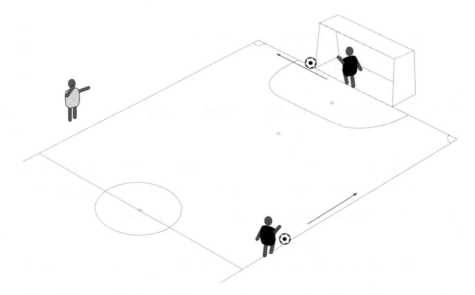

FIGURA 6.23 – Exercícios para a condução de bola.

- Os alunos deverão conduzir bola entre os pinos (cones) dispostos por um percurso montado pelo professor no campo de jogo. O professor pode alternar formas de condução em cada ponto do percurso.

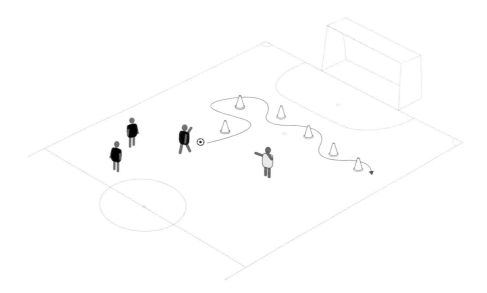

FIGURA 6.24 – Atividade de condução de bola entre os cones.

- Cada aluno com uma bola e um bambolê. O aluno rolará o bambolê e o acompanhará ao mesmo tempo que irá conduzir a bola, procurando passar a bola por dentro do bambolê, apanhando-a do outro lado sem perder o domínio na sua condução de bola.

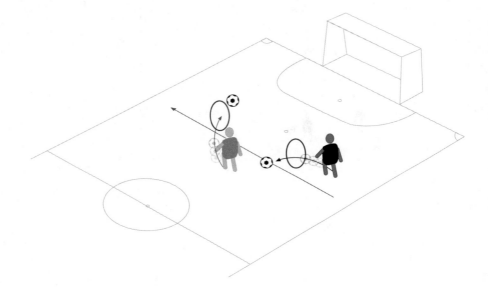

FIGURA 6.25 – O aluno passará a bola por dentro do arco em movimento sequencialmente, quantas vezes conseguir.

- Uma mão rola o bambolê, do outro lado se conduz a bola com o pé. A cada apito do professor, trocam-se os lados, tendo sempre o bambolê em um braço e a bola no pé contrário.

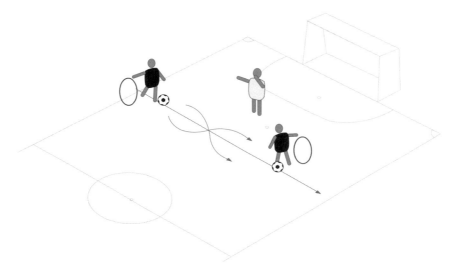

FIGURA 6.26 – Uma mão rola um arco, enquanto o pé contrário conduz a bola. Troca-se a cada apito do professor.

- Circuitos diversos para favorecer a aquisição dos padrões fundamentais do movimento, como, por exemplo, um que reúna bambolês a serem saltados, cones a serem ultrapassados em ziguezague, uma corda estendida e amarrada à altura da canela para ser saltada, um colchonete para que o aluno execute uma cambalhota. Todo esse percurso deverá ser explorado sem e com bola. No segundo caso, o aluno deverá criar formas de ultrapassar os obstáculos, mantendo a posse de bola, ora adiantando-a para pegar mais à frente, ora ultrapassando obstáculos em sua posse (como no caso dos cones). O professor deverá utilizar de sua criatividade para aproximar todas as situações possíveis.

6.3.4 Exercícios para drible

Os dois primeiros exemplos de exercícios a seguir deixam claro situações analíticas. Já o terceiro e quarto exemplos mostram formas de aproximar mais as situações analíticas das situações reais – numa perspectiva ainda analítica.

- Uma fila com diversos alunos posicionada no meio do campo, um cone na entrada da área com um jogador posicionado de frente para a fila mencionada. O jogador da frente da fila deverá passar a bola para o jogador do cone, que, por sua vez, ao receber a bola, deverá fazer o giro no cone e bater para o gol.

- Todos os exercícios que exigirem passar entre pinos (cones) são considerados situações analíticas para trabalhar o drible.

- Alguns alunos conduzindo bolas pelo campo de 30 x 15 m ou pela quadra, vários alunos com os dois pés amarrados saltando tentam tocar a bola. A cada bola tocada, o condutor é eliminado até não existirem mais bolas em jogo. Os jogadores em posse da bola deverão driblar os jogadores amarrados, evitando que estes toquem a bola. Esse exercício criado pelo professor Apolo denomina-se "amarradinho".

- Um aluno com a bola, à sua frente uma coluna móvel (com alunos se movimentando continuamente entre dois pontos laterais traçados perto da coluna). O aluno deverá conduzir a bola entre essa coluna móvel, sobrepujando os alunos da coluna, de modo que estes não toquem a bola, porém, simplesmente, desloquem-se de um lado para o outro apenas dificultando, mas não interrompendo sua passagem (marcação passiva). O objetivo é que o aluno com posse da bola aprenda a desviar dos obstáculos móveis, trabalhando as várias faces dos pés.

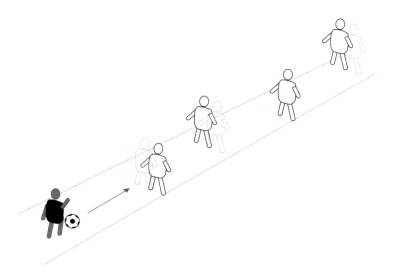

FIGURA 6.27 – O aluno, com a bola, deverá passar pela coluna de alunos que se movimenta de forma aleatória lateralmente.

6.3.5 Exercícios para chute

Além dos exercícios comuns e simples de chutes de curta, média e longa distâncias, acreditamos que, durante o trabalho de todas as variantes anteriores, pode-se e deve-se finalizar a gol sempre. Fica difícil acreditar que se trabalhe o chute separadamente das outras habilidades técnicas a não ser nos casos específicos de situações de bola parada (faltas, pênaltis e reposições de jogo em tiros de meta). É importante observar que deve-se trabalhar ainda todas as trajetórias de bola (rasteira, meia altura, alta).

- Cada aluno com uma bola, ao sinal do professor, deverá arremessá-la para o alto, por cima da cabeça, e chutá-la em uma parede, sem deixá-la cair no chão.

- O mesmo exercício anterior, porém, deixando bater no chão.

- Idem aos exercícios anteriores, mas com um companheiro arremessando a bola para outro chutar.

- A mesma dinâmica do exercício anterior com o companheiro arremessando a bola, posicionado atrás do gol, a fim de que o companheiro chute para o gol. Como variação, pode-se utilizar o chute de voleio e também o chute de bate-pronto (em que o jogador chuta no exato momento em que a bola bate no chão).

- Duas filas posicionadas do meio da quadra para trás (uma na ala esquerda, outra na ala direita), cada aluno com uma bola. O aluno deverá rolar a bola para um aluno posicionado de frente para as filas, anteriormente ao gol, que devolverá a bola para o aluno bater com a perna referente à ala em que está. Após o chute, em caso de gol, irá se posicionar atrás da outra fila para bater com o outro pé. Caso não converta o gol, irá se posicionar no lugar de quem recebe e devolve os passes.

- Cinco bolas posicionadas uma ao lado da outra, de frente para o gol, pouco atrás da marca do pênalti (ou em local estipulado pelo professor). O aluno deverá chutar uma a uma, e, a cada repetição do exercício, troca-se o pé de toque na bola.

- Em dupla, um aluno se posicionará atrás do outro, ambos de frente para o gol. O companheiro de trás joga a bola por cima do outro companheiro que deverá deslocar-se e executar o chute. Variar formas de chute.

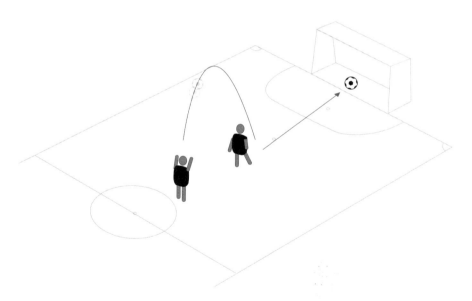

FIGURA 6.28 – Ao perceber a trajetória da bola lançada pelo companheiro o aluno deverá deslocar-se e chutar a bola ao gol.

6.3.6 Exercícios para marcação

Também parece pouco comum trabalhar exercícios analíticos num contexto analítico – a marcação –, mesmo sabendo-se de sua grande valia na fase inicial de aprendizagem.

Os exercícios a seguir buscam aproximar mais essa necessidade da realidade do jogo.

- Deslocar-se lateralmente, em diagonal, alternando as linhas laterais da quadra, adotando a postura apropriada para marcação (pernas semiflexionadas e braços elevados à altura do quadril).

- Um aluno de frente para o outro, em deslocamento. Um executa os mais variados gestos, e o outro tenta imitá-lo e acompanhá-lo – espelho.

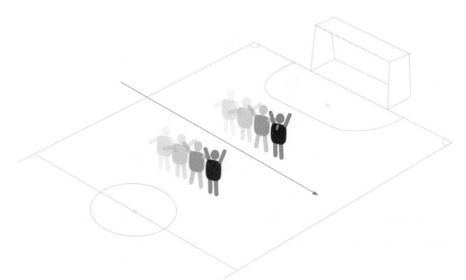

FIGURA 6.29 – Tudo que um aluno fizer o outro imitará acompanhando-o de frente.

- Em duplas, um aluno desloca-se de frente, variando constantemente o sentido do deslocamento, e o outro de costas desloca-se tentando acompanhá-lo.

- Em duplas, um de frente para o outro, um desloca-se correndo de frente e tenta ultrapassar o outro que está deslocando-se de costas, a fim de impedir que o outro passe. A cada repetição do exercício, troca-se a ordem de quem marca e de quem tenta se desmarcar.

6.3.7 Trabalhando o mecanismo decisório

Deixar um aluno repetidas vezes executando passes ou outros fundamentos técnicos, por intermédio de exercícios analíticos, quase sempre significa trabalhar apenas o mecanismo efetor e não ir ao encontro das soluções reais de boa parte dos problemas encontrados no jogo, a partir do momento que este exige tomadas de decisões variadas e constantes.

Estudiosos do futebol na Europa têm atribuído o fato de jogadores errarem passes em demasia não pelo fato de apenas estarem passando mal, mas, sim, por demorarem a tomar a decisão ou tomarem a decisão menos apropriada mediante das opções de que dispõem. Tornar o jogador mais objetivo em suas ações melhorando o seu raciocínio de reação é, segundo esses estudiosos, o melhor caminho. Dessa forma, o analisador ótico, o acústico, o tátil, o cinestésico e o vestibular respondem muito melhor quando aproximamos essas situações mais analíticas da realidade encontrada no jogo.

Para se obter uma melhor coordenação, o professor deve atentar para a criação e/ou escolha e aplicação de seus exercícios, procurando trabalhar e melhorar nos seus alunos as respostas referentes às condicionantes de: tempo (velocidade); precisão (alvos); organização (exercícios que proporcionem o girar para pegar, o deitar e levantar); complexidade (primeiro passe, depois passe com deslocamento, depois passe com deslocamento e giro etc.); variabilidade (uma gama de possibilidades num mesmo exercício) e, por último, preocupar-se com a carga (que é o mecanismo efetor – a mecânica de efetuar o passe, por exemplo).

Falamos aqui de um trabalho numa perspectiva mais global para a melhor aquisição dos padrões fundamentais do movimento e por isso compreendemos a importância de se enxergar o ser humano num todo muito maior que apenas formar o jogador de futebol, apesar de sabermos que esse trabalho colaborará em muito também para isso.

Falamos de se trabalhar do conhecido para o desconhecido, do fácil para o difícil, da percepção geral para a percepção específica e sobretudo da tomada de decisão geral (a que esses exercícios são capazes de proporcionar) para a tomada de decisão específica (o que pode ser mais bem trabalhado pelo método integrado de ensino).

Como exemplos de alguns exercícios para a melhora dessa tomada de decisão geral, pode-se exemplificar de acordo com as condicionantes recém-citadas:

- jogar bola na parede, girar e pegar;
- jogar a bola quicada, girar e pegar;
- jogar a bola quicada, colocar as mãos no chão, girar e pegar;
- em dupla, um joga a bola para o outro e gira para pegar ou rebater/chutar, devolvendo-a.

Neste trabalho, temos ainda a perspectiva de trabalhar aspectos importantes, como:

6.3.7.1 O equilíbrio

Para tanto, devemos utilizar banco sueco, bastão, perna de pau, podendo ainda agregar a isso o trabalho com bolas em possibilidades e movimentos diversos.

6.3.7.2 O controle de ângulos

Reorganizar ângulos é uma tarefa constante e que pode ser feita com um simples exercício de rebater uma bola jogada por um colega, tendo nas mãos outra (bate-se na bola com a outra). Ou ainda chutar uma bola em direção à outra que for jogada por um colega como forma dessa bola chutada bater na arremessada.

6.3.7.3 A antecipação

Já citamos um exercício parecido com este, porém, executado de forma individual, quando um aluno joga a bola para cima e depois outro tenta antecipar sua caída jogando um bambolê ao chão para que caia dentro. O fato de um colega arremessar a bola para cima para outro acertar o bambolê, muda em muito a perspectiva de o aluno fazer esse exercício individualmente, uma vez que sozinho, ao jogar a bola para ele mesmo arremessar o bambolê, ele já tem boa noção de onde a bola vai cair.

6.4 Exercícios e jogos do método cooperativo

Além dos exercícios e jogos aqui propostos, acreditamos que a construção e o desenvolvimento de atividades de mural educativo podem favorecer a cooperação, estimulando a apresentação e a discussão de fotos de revistas e desenhos sobre temas levantados pelos alunos, ou seja, a chamada arte-cooperativa. Acreditamos também que criar hinos, gritos de paz, ou seja, trabalhar símbolos pode ser de grande utilidade para a educação do grupo de forma cooperativa. Assim como assistir vídeos com mensagens positivas é também capaz de estimular a cooperação. Em especial, acreditamos que, por meio da estimulação de atividades cooperativas, devem-se propor a criação e a transformação dos jogos competitivos, deixando-os mais cooperativos.

- Em duplas (uma bola para cada dupla), os alunos deverão conduzir a bola para o outro lado, de acordo com o que for estipulado pelo professor. O professor poderá pedir que levem a bola utilizando as barrigas, com a bola presa entre os quadris, com a bola presa entre os peitos, com a bola presa entre as cabeças etc.

6.4.1 Futepar

Campo de 40 x 30 m, duas equipes, cada uma composta por dez jogadores que deverão estar em pares (cinco pares contra cinco pares) com braços dados ou mãos dadas. As duplas não poderão soltar os braços ou as mãos em hipótese alguma durante o jogo. Se isso acontecer, deverá ser marcado um tiro livre direto, com todo mundo atrás da bola de jogo e com o gol aberto do local em que ocorreu a infração. Existe a possibilidade de se confeccionar uma camisa dupla (camisa em que duas pessoas fiquem dentro) para esse jogo e, caso exista interesse em fazê-la, atentamos para o detalhe de reforçar a costura. A camisa dificulta mais o movimento dos jogadores, uma vez que, nas outras perspectivas citadas (de mãos ou braços dados), o raio de ação dos jogadores é maior.

a) A camisa do FUTEPAR deve ter sua costura muito bem reforçada para aguentar as ações de jogo.

b) Incentivados pelo professor Apolo, os alunos do curso de pós-graduação da UNINOVE vivenciaram o *futepar*, utilizando da camisa especial e também de mãos dadas como forma de sentir bem a diferença entre uma e outra forma de aplicação desse jogo.

c) No início, comumente as ações parecem lentas, desastrosas e individualistas, mas, à medida em que o jogo se desenvolve e a sua velocidade aumenta, a cooperação se torna, também, bem mais presente para que juntos os jogadores possam cumprir melhor os objetivos de cada equipe.

FIGURA 6.30 – Futepar.

- O mesmo jogo anterior, porém, trocam-se os pares da equipe que marcar tento sempre que ocorrer o gol.

6.4.2 *"Futbaseball"* cooperativo

- Campo de 30 x 15 m, dez duplas espalhadas perto das linhas laterais pela quadra – dentro da quadra –, tendo cada uma um bambolê ao chão no qual deverão estar dentro. Cada dupla terá um número. A 11ª dupla sem bambolê estará posicionada na área e um jogador estará em baixo da trave de gol, enquanto outro estará na marca do pênalti com posse de uma bola. Ao sinal do professor, o jogador com a bola irá arremessá-la em direção àquele que está em baixo da trave, gritando um número referente a qualquer das duplas dispostas nos bambolês. O seu parceiro em baixo da trave chutará a bola para qualquer setor de jogo e estes correrão juntos na tentativa de encontrar um bambolê para ocupar. Nesse mesmo momento do sinal do professor, todas as duplas deverão também mudar de bambolê, e a dupla que teve o nome gritado deverá ir buscar a bola e tentar encontrar um bambolê para ocupar. A dupla que sobrar deverá ir arremessar e chutar a bola. Lembramos que as duplas deverão estar o tempo todo juntas e de mãos dadas, tanto para encontrar a bola quanto para mudar de bambolê. A dupla que arremessa e chuta a bola, após fazer isso, deverá também correr junta. Como variação, pode-se colocar uma bola e também duas bolas (nesse último caso, uma para cada integrante da dupla) para a dupla conduzir de mãos dadas durante a atividade.

No bônus do CD ROM Método Integrado de Ensino no Futebol consta exemplo do *futbaseball* competitivo para que se possa trabalhar nas duas dimensões.

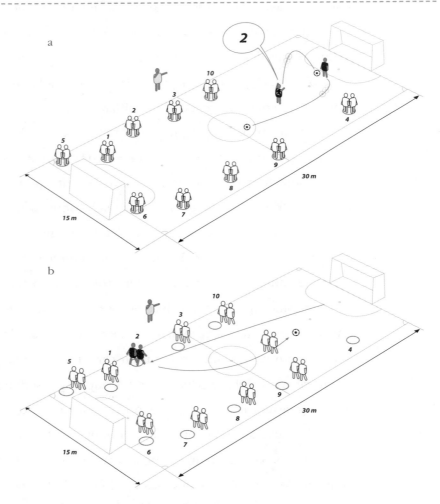

FIGURA 6.31 – "*Futbaseball*" cooperativo.

Sugestões de atividades 229

- O mesmo jogo anterior, porém, um elemento da dupla deverá estar vendado. Na hora do arremesso, o elemento vendado deverá ser levado e deixado no local de arremesso, para que, ao sinal do professor, jogue a bola e grite o número da dupla que deverá buscá-la, enquanto o jogador sem venda deverá chutar a bola arremessada pelo colega vendado, dar o braço para o colega vendado e partir na tentativa de se abrigar em um dos bambolês.

- Um grande grupo de vinte alunos posicionados em uma das linhas de fundo da quadra ou campo de 30 x 15 m. No centro da quadra ou campo estarão diversas bolas (pelo menos trinta) de tamanhos e pesos variados. Ao sinal do professor, uma parte deste grupo correrá em direção às bolas e as jogarão para os colegas posicionados na linha de fundo que deverão colocá-las dentro de uma grande caixa, saco de bolas ou latão. O professor deverá marcar o tempo em que os alunos guardam as bolas, procurando fazer que, a cada repetição, o grupo encontre maneiras de cumprir com a tarefa mais rapidamente. Como variação, podem-se trabalhar diversas formas de passes (com as mãos, com os pés em todas as suas faces, ainda de costas, arremessando por baixo das pernas etc.).

- Em duplas, um aluno deverá estar vendado e o outro o conduzirá pela quadra ao sinal do professor, levando-o para um ponto previamente estipulado. Como variação, pode-se colocar a bola para ser conduzida pelo jogador sem venda da dupla.

- Semelhante ao exercício anterior, em duplas, sem bola, um aluno estará vendado e o outro terá que o conduzir até um local previamente combinado sem tocá-lo, podendo utilizar somente comandos de voz, para que seu colega chegue ao local estipulado.

- Este grande jogo que descreveremos aqui foi assimilado por nós durante curso de Jogos Cooperativos ministrado pelo colega e professor da Unimonte Roberto Gonçalves Martini, a quem damos crédito pelo jogo e entendemos que é capaz de reunir características de três métodos: é um jogo reduzido (método integrado de ensino ou "método Apolo"), por ser um jogo de caráter técnico com igualdade numérica; é um jogo cooperativo (método cooperativo), porque os jogadores das duas equipes deverão cumprir tarefas de grande colaboração e também é um jogo recreativo (método recreativo), uma vez que ações lúdicas como montar a centopeia com pernas de um lado só ou carregar o capitão da equipe adversária para salvar sua equipe de levar mais pontos são ações extremamente divertidas e descontraídas. O jogo consiste em duas equipes de oito ou mais jogadores para cada lado em uma quadra esportiva, que se enfrentarão em uma partida de futsal sem goleiro, valendo o gol de qualquer ponto da quadra. A cada gol, a equipe que pontuar ganha direito a fazer um ataque de basquetebol do lado oposto ao que fez o gol (para tentar fazer mais dois pontos), e deverá arremessar a bola após cinco passes consecutivos (se errar a cesta, deverá novamente efetuar pelo menos cinco passes para poder arremessar a partir do sexto). Ao mesmo tempo que a equipe que pontuou ganha o direito de fazer tal ataque, a equipe que levou o gol deverá, para se defender, se reunir rapidamente em sua área de gol, perfilar e seguir em fila com todos pulando num pé só (todos levantando uma das pernas do mesmo lado – a chamada centopeia de um lado só) até todos ultrapassarem o meio da quadra, antes que o adversário faça a cesta. Apenas um jogador da equipe que levou o gol poderá defender o ataque de basquetebol. A bola de basquetebol permanecerá fora da quadra na altura do meio da quadra, para que ambas as equipes tenham acesso a ela assim que fizerem o gol. Como variação de defesa para a equipe que levar o gol, pode-se colocar no lugar da fila que pula numa perna só a tarefa de ter que capturar e carregar o capitão da equipe adversária até uma cadeira colocada na altura do meio da quadra (do lado de fora da quadra). Esse jogo é uma prova de que podemos e devemos brincar com as regras de um jogo e assim proporcionar ao aluno também a variabilidade metodológica numa mesma atividade.

- Este jogo que denominamos "segura a minha" é um jogo com balões de encher. É formado por duas equipes, cada aluno com um balão. Todos deverão controlar o balão de acordo com o que for pedido pelo professor (com as mãos, pés, cabeça, coxa etc.). Cada equipe terá balões de uma cor. Ao comando do professor, uma das equipes sentará e a outra terá que controlar também seus balões por determinado tempo controlado pelo professor. Cada bola que toca o chão é um ponto negativo para a equipe.

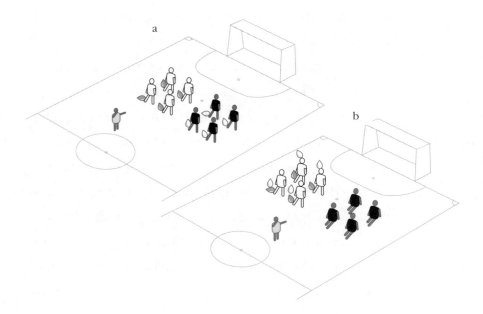

FIGURA 6.32 – Jogo "segura a minha".

7 Adaptação dos jogos e das atividades (ressignificação)

Um aspecto importante a ressaltar e que não podíamos deixar de citar neste trabalho é com relação à adaptação dos jogos e atividades realizados pelos alunos. Esse processo permite ao professor que a cultura e as diversas verdades dos alunos sejam experimentadas, discutidas e aproveitadas no trabalho.

Proporcionamos, ao longo dos anos trabalhando com educação esportiva em escolinhas de futebol e futsal, a efetiva participação dos alunos na construção das regras dos jogos do método integrado de ensino.

Recentemente, observamos, por intermédio de Lins Rodrigues, Sertório e Freitas (2008), que alguns colegas de trabalho da rede pública municipal de Cubatão-SP realizaram uma feliz investigação bem próxima (não similar) a este trabalho em atividades voltadas para a Educação Infantil nas escolas, com o objetivo de colaborar para a construção coletiva do plano referencial de Educação Física do município. Esse estudo é voltado especificamente para a Educação. Nossos objetivos não são completamente diferentes do trabalho desses colegas, uma vez que nossa preocupação é oferecer um trabalho educativo e participativo voltado, porém, mais especificamente para a educação do futebol. Fatos que acontecem separadamente, em épocas distintas, inclusive, mas que demonstram proximidade e resultados bastante significativos em suas realidades, tanto quanto demonstram a importância e eficácia desse olhar voltado para estimular, sobretudo o processo de criatividade dos alunos, tanto como possibilitar que estes experimentem e vivenciem outras oportunidades que não aquelas sempre impostas pelo professor.

Isso nos mostra que, hoje, a adaptação dos jogos e atividades a realidade dos alunos, ou ressignificação (como os colegas de Cubatão chamam esse trabalho desenvolvido com outra expectativa no que se refere à educação escolar), é assunto importante a ser considerado e que deve ser explorado por professores de acordo com suas distintas especificidades, tanto na esfera da educação esportiva quanto na Educação Física escolar.

Pensamos numa Educação Esportiva formativa e levamos em consideração o fato de ser o homem detentor de um dom divino chamado criatividade. Não podemos ou conseguimos imaginar, dessa forma, que devemos como professores apenas impor jogos sem dar a oportunidade que esses alunos se manifestem, demonstrem e percebam, sobretudo, que também são detentores de conhecimento e por isso capazes de criar.

Colocaremos aqui, logicamente, alguns exemplos dessa adaptação ou ressignificação naquilo que nos compete – jogos e atividades próprios para escolas de futebol, cujas regras foram compostas pelos próprios alunos. Jogos que, uma vez criados, são capazes de nos mostrar a diversidade de atividades que podem ser recriadas com base nos olhares diversos de nossos alunos. A frase enunciada pelo colega professor da rede municipal de Cubatão – querido professor Marcos Leite de Freitas (UME Dom Pedro) – a respeito do trabalho de ressignificação efetuado nas escolas daquele município traduziu muito bem tudo o que já pensávamos quando proporcionávamos esse novo olhar educativo ao esporte:

"Eu tinha diversos especialistas na arte de brincar e insistia em querer ensiná-los a brincar". A essa frase, acrescentamos agora além do "brincar" o "jogar".

Lembramos ainda sem fazer muito esforço, nesse caso específico do futebol, em seus jogos diversos, aqueles da cultura popular criados nas ruas e nos campinhos, por esses "especialistas" a que nos referimos na arte de jogar. Jogos que, a princípio, foram criados apenas para que crianças pudessem se divertir: a rebatida; o gol a gol; o bobinho; o gol caixote; o gol fora-gol dentro. Todos jogos comuns, atrativos conhecidos e reconhecidos do futebol, criados e praticados sem a presença efetiva do professor, considerados hoje importantes na formação das crianças para a modalidade. Jogos que retratam a criação de novas regras e oportunidades de jogos com base no futebol, cujos autores são desconhecidos, mas que proporcionam oportunidades (vivências diversas) de se preparar para momentos específicos do jogo de futebol no futuro. Lembramos, nesse caso, o estudo de Lorenz (1975) convergente com Pellegrini (2003), citado no livro *A Criança e o Adolescente no Esporte*, Phorte Editora, 2007. Esse estudo retrata exatamente a ânsia de que os animais têm para brincar bem próximo da realidade daquilo que acontece ou possa acontecer em suas vidas. Uma zebra, por exemplo, brinca de correr atrás da outra, treinando sem perceber futuras fugas de predadores, da mesma forma que crianças criam situações durante suas brincadeiras que poderão acontecer em determinado momento de suas vidas futuras. Observaremos a seguir a proximidade dos jogos e atividades adaptadas ou ressignificadas com as necessidades daqueles que os jogam.

7.1 Atividades adaptadas ou ressignificadas para o futebol

7.1.1 Pega-pega "um tapinha não dói"

Nessa atividade será utilizado um meio-campo de jogo. Dois pegadores ficam dentro da grande área enquanto os fugitivos – cada um com uma bola – correm à vontade pelo espaço restante fora da área até o meio-campo.

Quando os dois pegadores deixam a grande área juntos – de mãos dadas –, com o intuito de tocar qualquer dos fugitivos, estes deverão esquivar-se do toque dos pegadores. Uma vez tocado qualquer dos fugitivos, este deverá deixar a sua bola, dar a mão aos pegadores e voltar com eles para a grande área. No momento em que um fugitivo é pego, os outros fugitivos poderão deixar também suas bolas e correr atrás dos pegadores (já com o fugitivo capturado, os três de mãos dadas), dando tapinhas no bumbum dos três.

Comentário

Esse jogo ressignificado por alunos na faixa dos 15 anos de idade, com base no pega-pega comum, condiciona à cultura popular dos alunos na época em que foi criado, cuja música da moda tratava exatamente do tema "um tapinha não dói". Demonstra a volúpia que jovens nessa idade naturalmente têm por brincadeiras do gênero: bater ou simular brigas como forma de demonstrar sua força. Forma que o professor tem de aproximar o jogo da realidade de seus alunos, tanto quanto, por meio dele, trabalhar melhor com seus alunos temas como a violência, a importância do vigor físico etc. Aproximando esse jogo do estudo de Konrad Lorenz (apud Pellegrini 2003), talvez fugir de simples tapinhas no bumbum, pode ser uma forma de brincar capaz de representar uma possível fuga futura de qualquer confusão que possa ocorrer dentro de campo de futebol. Isso também nos faz recordar algo importante citado por Morin (2003) quando colocou que está mais perto do sucesso aquele que se prepara para o inesperado.

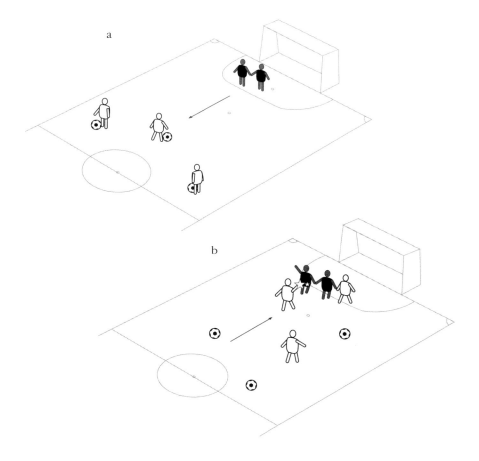

FIGURA 7.1 – Pega-pega "um tapinha não dói".

7.1.2 Pega-pega-passa-passa

Nessa atividade desenvolvida num campo de 30 x 15 m, há uma faixa de 10 metros no meio do campo destinada ao pegador. Nas extremidades da quadra, ficam os fugitivos que deverão passar para o outro lado da quadra em posse de suas bolas – atravessando a linha de 10 metros destinada ao pegador – sem serem tocados pelo pegador. Ao serem tocados, podem deixar a brincadeira numa perspectiva de trabalhar a eliminação, ou podem sentar no local onde foram pegos, dificultando ainda mais a ação do pegador e dos que fogem que deverão desviar destes em suas ações de pegar e fugir.

Comentário

Esse jogo é a ressignificação da atividade recreativa anteriormente citada como pega-pega tubarão, e as regras criadas pelos alunos permitem ao professor trabalhar tanto de forma inclusiva quanto exclusiva, conforme foi observado. Lembramos, nesse caso, que ambas as perspectivas são importantes, uma vez que ganhar e perder, acertar e errar fazem parte de qualquer jogo e são fatores que devem ser assimilados pelos alunos como naturais de qualquer jogo.

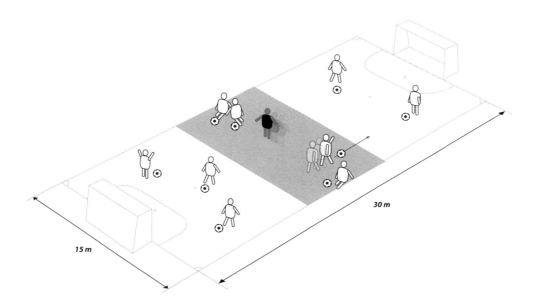

FIGURA 7.2 – Pega-pega-passa-passa.

7.1.3 Pega-pega-passa-passa com três fases

Nessa atividade dirigida em campo de 60 x 40 m, o campo estará dividido em seis faixas de 10 metros, estando três delas ocupadas por pegadores e outras três vazias, intercaladas a cada faixa em que existem pegadores. Os fugitivos ficarão em um dos lados e fora do campo de jogo. Ao sinal do professor, deverão percorrer as seis faixas, tentando ultrapassar aquelas que têm pegadores sem serem tocados por estes. Uma vez tocados, poderão deixar a brincadeira (exclusão) tanto quanto podem também permanecer sentados em cima de suas bolas no exato local em que foram tocados.

Comentário

Esse jogo já é uma ressignificação da ressignificação anteriormente citada, o que demonstra mais uma evolução do pega-pega tubarão capaz de transformá-lo em um jogo reduzido. Em cada faixa destinada aos pegadores, poderá ter números diferenciados de pegadores. Por exemplo, na faixa dois, quatro pegadores, na faixa quatro, três pegadores e na faixa seis, dois pegadores. As faixas vazias servem para que os fugitivos possam se preparar para as diversas situações que encontrarão ao passar pelas fases ocupadas. O jogo também permite trabalhar a exclusão e a inclusão de alunos.

Adaptação dos jogos e das atividades (ressignificação) | 241

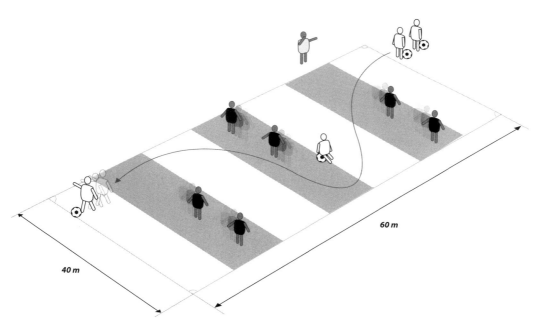

FIGURA 7.3 – Pega-pega-passa-passa com três fases.

7.1.4 Pega-pega time contra time

Nessa atividade disputada em campo de 40 x 25 m, duas equipes de oito jogadores se enfrentarão. Uma equipe estará em posse de bolas – cada jogador com uma bola –, e outra equipe estará sem bolas. Ao sinal do professor, os jogadores da equipe sem bola perseguirão e tentarão tocar a bola dos jogadores da outra equipe. Uma vez tocada à bola, o jogador pego deverá sentar sobre sua bola onde foi pego.

Comentário

Essa evolução de pega-pega ressignificado é capaz de proporcionar uma forma evoluída de jogo reduzido, uma vez que o 1 x 1 é inicialmente observado e, à medida que jogadores vão sendo pegos, os enfrentamentos de inferioridade numérica são uma constante – 1 x 2; 1 x 3; 1 x 4 e assim por diante. Também vemos característica de formas jogadas, pois o contato físico nesse jogo será mínimo e, uma vez o pegador tocando na bola, o enfrentamento daqueles jogadores para imediatamente.

Adaptação dos jogos e das atividades (ressignificação) | 243

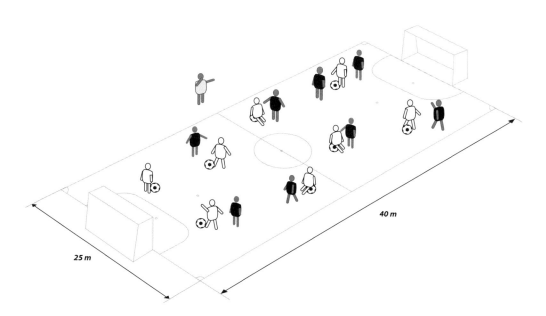

FIGURA 7.4 – Pega-pega time contra time.

7.1.5 Pega-pega com geladeira

Nesse jogo em campo de 30 x 20 m, há dois pegadores de mãos dadas perseguindo fugitivos – cada um com posse de uma bola. Cada jogador pego deverá sentar em cima da bola na geladeira, que será um local escolhido pelos alunos dentro do campo de jogo. Quando não houver mais fugitivos, o primeiro e o segundo fugitivos que foram pegos serão os novos pegadores, e a brincadeira poderá recomeçar.

Comentário

Esse jogo privilegia, sobretudo, aqueles garotos mais lentos, para que tenham oportunidade de se sentirem motivados, uma vez que sendo pegos rapidamente na atividade, na próxima, podem ser os pegadores.

7.1.6 Bola do outro lado

Nessa atividade disputada num campo de 30 x 15 m, há duas equipes de cinco jogadores. Cada equipe ocupará uma das linhas de fundo em campos opostos. Estarão dispostos no centro de campo diversos cones espaçados lado a lado, marcando o centro do campo. Ao sinal do professor, os jogadores dos seus respectivos campos (atrás das linhas de fundo) chutarão bolas em direção ao campo adversário, tentando derrubar os cones. Cada cone derrubado é um ponto marcado para a equipe de quem derrubou.

Comentário

Observa-se que esse jogo, bem como o próximo, são uma evolução ressignificada de um dos jogos de atividades recreativas – o vigésimo terceiro exemplo mais especificamente – anteriormente citado neste livro, atividade em que comumente é utilizada uma *medicine ball*.

7.1.7 Bola do outro lado (variação)

A mesma disposição do jogo anterior, apenas observando que os cones ocuparão diversos pontos dos dois campos de jogo. O jogo caracteriza-se por passar as bolas para o outro campo de jogo, sem tocar quaisquer dos cones. Cada cone derrubado representa um ponto negativo para a equipe de quem derrubou.

7.1.8 Jogo da zona morta

Um campo de 50 x 20 m, tendo uma faixa de 15 metros no centro (zona morta) em que a bola não pode tocar. Duas equipes de cinco jogadores se enfrentarão nesse campo, podendo cada jogador dar três toques na bola a cada jogada,e os jogadores poderão se espalhar pelo campo e utilizar as duas extremidades do campo para passar a bola sem deixar que ela toque na zona morta. A cada passe, conta-se um ponto, assim que a equipe adversária tocar a bola zera-se a contagem e inicia-se nova contagem para a equipe que estiver com a posse de bola.

Comentário

Esse jogo foi ressignificado por garotos de 16 anos de idade e privilegia as viradas de jogo (passes médios e longos), uma vez que a bola, quando passada para a outra extremidade de jogo, deverá passar por cima da zona morta para cair no outro lado do campo. É um jogo reduzido, cuja dica importante a ser passada para os alunos é que sempre que um jogador estiver em posse da bola, um colega de equipe se aproxima para receber, enquanto os outros deverão desmarcar-se e buscar os espaços vazios mais distantes. Como variação, pode-se colocar um coringa, ou seja, um jogador neutro que jogue para a equipe que estiver em posse da bola (jogue para as duas equipes).

Adaptação dos jogos e das atividades (ressignificação) | 247

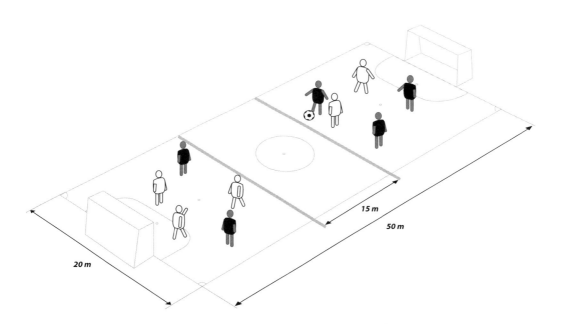

FIGURA 7.5 – Jogo da zona morta.

7.1.9 Pega-pega com arco

Diversos alunos correndo, conduzindo bola por um espaço de 30 x 15 m e um pegador também conduzindo uma bola com um arco na mão perseguindo-os. O objetivo do pegador é colocar o arco pela cabeça dos fugitivos, encaixando-o no corpo destes. Aquele que receber o arco passa a ser o pegador.

Comentário

Esse jogo é uma ressignificação do pega-pega com bola, o décimo exemplo de jogo citado anteriormente em Atividades recreativas. Interessante salientar que durante a atividade, é observado que, em grande parte das ações, a maioria dos garotos arremessa o arco durante a perseguição em vez de laçar o colega, segurando-o. Esse arremesso é capaz de trabalhar também a antecipação, assim como outros exercícios que vimos anteriormente. Por isso, mesmo antes de ser um ato condenável, merece essa observação, logicamente para que, de acordo com a turma em questão, seja mais bem analisado e utilizado da forma que melhor convier ao professor, seja laçando ou arremessando.

Adaptação dos jogos e das atividades (ressignificação) | 249

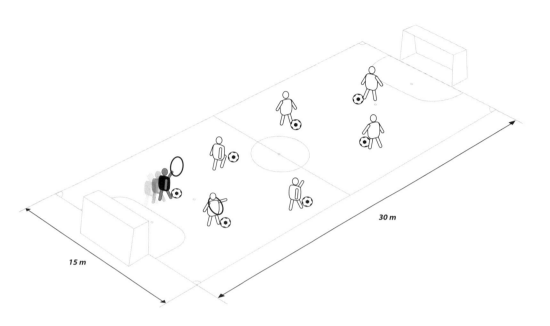

FIGURA 7.6 – Pega-pega com arco.

7.1.10 Toca e senta

Será utilizada para esta atividade uma bola grande e leve ou um balão. Ela será arremessada, cabeceada ou chutada (de acordo com o que for pedido pelo professor) para cima por um dos alunos. Cada aluno que toca a bola tem de sentar imediatamente, deixando-a para ser tocada pelos outros colegas que ainda estão em pé. Caso a bola toque o chão, o jogo acaba e inicia novamente. O objetivo é que a equipe toda toque a bola sem deixá-la cair no chão.

Comentário

Esse jogo é uma ressignificação do décimo exemplo de jogo anteriormente citado em Atividades do método cooperativo, jogo denominado "segura a minha". Como variação, também foi criada a possibilidade de o jogo continuar até a hora que a bola cair no chão, sendo marcado tempo. Para isso, a cada vez que todos tocarem na bola, imediatamente todos levantam e o jogo continua.

8 O planejamento na prática pedagógica do futebol

Nos cursos de pós-graduação, capacitação profissional, encontros e jornadas científicas e também nos congressos a que temos tido a oportunidade de falar pelo Brasil, ressaltamos a todo o momento a importância do planejamento no ensino da modalidade futebol. Parece irrisório falar sobre isso, mas, durante nossas averiguações de campo na pesquisa anteriormente resumida, observamos que nenhuma das escolas visitadas nos deu acesso a qualquer planejamento elaborado, levando-nos a crer na não existência desse material. Quando questionadas a respeito da existência ou não desse material, todos os discursos apenas confirmaram a sua existência. Os professores que foram indagados sobre a possibilidade de termos acesso a esse material se limitaram a responder que esse documento era restrito à escola. Em alguns casos, como já observamos no estudo citado neste livro, nas observações de campo, vimos aulas e treinamentos completamente fora do padrão para as idades em questão, o que nos levou a questionar que planejamento era esse e como pôde ser realmente discutido entre os professores, aceito e constituído, nesse caso, passando pelo crivo de todos, inclusive da coordenação.

A nosso ver, o professor não planejar seria a mesma coisa que o médico não adotar os procedimentos básicos que antecedem uma cirurgia, ou ainda, a mesma coisa que um advogado formatar um processo sem sequer escutar o histórico do cliente.

Ainda é muito comum no futebol, ora o professor ensinar a modalidade embasado em conhecimentos do senso comum sem qualquer planejamento prévio, ora o professor fazer um "planejamento" que fica só no papel e se limita a constar os fundamentos técnicos e táticos, sem qualquer conhecimento, ou ainda, um conhecimento mais aprofundado dos métodos de ensino existentes, sabendo diferenciá-los e adequá-los às diversas faixas etárias dispostas ao ensino da modalidade. As perguntas principais, nesses dois casos exemplificados, seriam: Planejar para quê? Planejar para quem?

É um verdadeiro absurdo que nós, de uma comunidade científica reconhecida, que é a Educação Física, utilizemos conhecimentos de senso comum para ensinar o futebol se existem métodos adequados. É irresponsável não conhecer os métodos existentes, ostentando um diploma de professor e estando na ativa no ensino da modalidade. Parece-nos arcaico tentar compreender que os conhecimentos práticos oriundos de uma vida de atleta, apenas não necessitem de uma fundamentação científica adequada ou de conhecimento metodológico e didático propício. Abençoados nos parecem os ex-atletas que buscam a formação em Educação Física, pós-graduações e cursos, no intuito de adequar conhecimentos. Amaldiçoados aqueles que pararam no tempo e não compreendem que vivemos no século XXI, dos grandes avanços e da necessidade da troca de informação e aperfeiçoamento constante.

Planejar exige conhecimento. Planejar nada mais é que a tomada de decisões do que se vai propor ao aluno, mostrando, sobretudo, para que se deve propor (fundamentação). Para isso, o professor deve considerar que a criança e o adolescente pensam e que têm saberes diversos e diferentes, como já discutimos neste livro quando nos referimos à importância da prática não intencional. Não podemos achar que temos em mãos simples máquinas de jogar futebol, sem sentimentos e conhecimentos advindos de descobertas próprias.

As principais dúvidas dos professores que planejam giram exatamente sobre o que é realmente necessário planejar ou se é necessário planejar para ensinar futebol. Não há qualquer dúvida, é necessário planejar, sim, e, para isso, deve-se conhecer a fundo o que será aplicado.

Acreditamos que o registro simples das aulas, nesse caso, pode ajudar muitos professores a identificar o que estão ensinando e o que está sendo assimilado pelos alunos. As emoções e as frustrações, uma vez descritas, podem auxiliar o professor lá na frente a encontrar respostas mais verdadeiras em seu trabalho e a avaliar melhor.

Durante os vários anos em que ocupamos cargos de coordenação, adotamos esse procedimento com os nossos professores. No início, todos sempre se mostraram receosos de que usaríamos desse procedimento para analisar suas aulas e controlar ou dirigir aquilo que ensinavam. Enganaram-se completamente, pois jamais fizemos ou faríamos isso, não faz parte do perfil e nem deve ser esse o comportamento de qualquer coordenador. Acreditamos, sobretudo, na autonomia do professor e que o coordenador existe para indicar caminhos mais adequados e policiar, mas não policiar no sentido de perseguir, exigir por demais e cobrar. É lógico que, em nossas discussões, sempre procuramos mostrar as diversas possibilidades de ensinar a modalidade, clareando as ideias de todos com relação aos métodos existentes e as suas diversas possibilidades, que agora discutimos abertamente neste livro. Alguns professores nativos do futebol – conhecidos na gíria como "boleiros" – na época, atuantes em outros clubes, ao tomarem conhecimento dessa nossa atitude, chegaram a comentar "nunca terem visto planejamento no ensino do futebol" e que "isso era coisa de escola e não de esporte".

Com o passar do tempo, em nossas reuniões, todos aqueles envolvidos diretamente no trabalho perceberam que, em nenhum momento, utilizamos desse instrumento para "pegar no pé" de ninguém, mas, sim, para que todos pudessem expor e discutir melhor suas realidades diversas e suas necessidades. A ideia era escrever para pensar sobre o que fez e sobre o que se poderia fazer ainda melhor sob a perspectiva de que, quanto mais se escrevia, mais havia reflexão, o que gerava aulas mais ricas e planejamentos mais seguros. A síntese das discussões era: Qual a participação do conhecimento do professor nos resultados? A pergunta básica era: Como foi a aplicação dos conteúdos e a aceitação dos alunos? Perceberam, assim, que, à medida que surgiam novas ideias, tanto era importante ter bom nível de conhecimento quanto planejar. Perceberam que ambas as necessidades fazem parte de qualquer coisa que se quer fazer bem feito na vida, desde se formar a assinar um bom contrato de trabalho e não somente para melhor lecionar. Perceberam que educar alguém para qualquer coisa jamais se faz com conhecimentos próprios – sem fundamentação plausível –, ou ainda, apenas sozinhos e que, quanto mais se discutem possibilidades entre os professores, mais se encontram caminhos – diversas verdades – e soluções muitas vezes simples. Dessa forma, planejar e fazer reuniões pedagógicas também fazem (ou deveriam fazer) parte da vida de qualquer professor de escola de futebol. À medida que falamos de ensino, precisamos profissionalizar de verdade a educação esportiva. Esta que ainda parece muito amadora e por demais amarrada a aspectos particulares advindos do militarismo e da utilização de conhecimentos práticos de senso comum sem uma discussão mais profunda ou conhecimento pleno do que se aplica, fatos que culturalmente perduram, passados de geração para geração de professores e "treinadores" de categorias menores. "Profissionais" produzidos em série para apenas formar atletas precocemente e não homens melhores para o esporte e para o mundo. Lembramos novamente que utilizamos aspas em treinadores e profissionais, na última frase, no sentido de atentar e questionar a necessidade destes que parecem atuar sem bases adequadas para receber tais títulos de treinadores e profissionais.

Infelizmente, pouca "cobrança" se vê nesse sentido e, sobretudo no serviço público é comum ainda existirem coordenadores que mal aparecem nos locais a que a sua modalidade está disposta.

Temos conhecimento que numa determinada prefeitura do Litoral Sul Paulista, que conta com diversos Centros Comunitários que desenvolvem trabalho educativo em diversas modalidades esportivas, até recentemente, nenhum coordenador jamais havia aparecido para sequer dar um olá aos seus professores dispostos nesses Centros, quanto mais para olhar ou, ainda averiguar, estudar e discutir qualquer planejamento ou pelo menos, simplesmente, saber como a modalidade era desenvolvida. Nosso intuito com essa observação não é, porém, criticar ou denegrir a imagem de qualquer serviço ou entidade pública brasileira, mas sim chamar atenção para o quão triste para o desenvolvimento das Ciências em Educação Física, nos parece esse fato de muitos programas esportivos na verdade pouco se importarem com os aspectos pedagógicos e com aquilo que de fato é feito com nossas crianças e adolescentes no esporte. O que acreditamos que deveria ser a preocupação primordial no caso da Educação Esportiva. Esse descaso retratado parece ainda comum, infelizmente no Século XXI por todo o país. Na maioria dos casos, quando há planejamento, a simples entrega formal desse documento pelo professor já parece o suficiente, e pouco se discutem os conteúdos dispostos e as reais necessidades dos alunos. Um quadro triste que, com as informações deste livro, pretendemos amenizar ou, de uma forma um tanto ilusionista, eliminar.

Logicamente, pelo fato de os autores deste trabalho terem toda sua formação em torno da Educação Física e também da Pedagogia, algumas dicas podem ser importantes na hora de planejar para o ensino do futebol, levando em conta as várias perspectivas discutidas neste livro.

O professor deve levar em consideração na hora de planejar o tempo e o espaço (assim como a organização desse espaço), materiais e, sobretudo, as diferença entre os alunos. Não pode faltar em hipótese alguma significado, intencionalidade, funcionalidade, fundamentação, relação com o real (e aí está a importância do método integrado de ensino) e seleção qualitativa de conteúdos. É necessário realmente planejar, respeitando os preceitos de desenvolvimento humano que regem o esporte viajando por todas as metodologias à disposição – acreditamos que todas as metodologias, porém, devam girar em torno do método integrado de ensino, por sua grande aproximação com o real que envolve o jogo. É realmente necessário planejar sequência didática, atividades permanentes (rotinas) e atividades diversas, no caso de crianças de 5 e 6 anos, sobretudo as atividades que permitam a aquisição dos padrões fundamentais do movimento.

É essencial, a nosso ver, para aquele professor que está disposto a encontrar respostas mais seguras, o registro das aulas para reflexões. A relação que encontramos entre o registro, o planejamento e a avaliação está no fato de serem processos contínuos e serem suportes ligados entre si. Escreve-se para planejar, registra-se para avaliar.

Lembramos ainda na hora de planejar, com relação à prática pedagógica, encontramos três formas de se fazer: por blocos, de forma mesclada e de forma randômica.

Na prática por blocos, a prioridade do professor é trabalhar os fundamentos técnicos de jogo especificamente por partes. Em determinado período, apenas trabalhar passe e recepção, depois, em outro período, apenas trabalhar condução, depois, em outro determinado momento, trabalhar drible, depois, em outro momento, trabalhar apenas chute, depois, em determinado momento, trabalhar apenas marcação.

Na prática mesclada, pode-se trabalhar combinando esses fundamentos técnicos. Por exemplo, em determinado momento, trabalha-se passe, recepção e condução. Em outro, passe, recepção e drible. Em outro, condução e chute. Em outro, drible e chute e assim por diante.

Na prática randômica, aproxima-se o treinamento da realidade, utilizando-se do método integrado de ensino.

Acreditamos ser a randômica a melhor forma de planejamento, mas não podemos deixar de citar que, para turmas iniciais, dependendo do nível em que se encontrem – quando muito primárias –, as práticas por blocos e mesclada são formas interessantes de planejamento.

Uma abordagem à luz da teoria da complexidade

Nossas intenções com este capítulo são duas: demonstrar a necessidade da compreensão plena de um método anteriormente à sua aplicação e garantir que o profissional entenda o todo que envolve a educação esportiva e o treinamento da modalidade.

Também demonstramos a nossa preocupação em focar o inesperado, como uma das principais garantias de que devemos estar atentos a tudo sempre, uma vez que é praticamente impossível estar preparado para tudo que possa acontecer num jogo de futebol. Dessa forma, a teoria da complexidade de Edgard Morin torna-se uma leitura útil e agradável, a qual recomendamos aos professores, uma vez que as citações aqui propostas são apenas uma pequena parte resumida e objetiva de um todo muito importante de ser compreendido em sua leitura. Entendemos que, antes mesmo de compreendermos o que acontece no futebol, é importante compreender o que acontece no mundo, em suas várias *nuances*, para podermos transferir – como fizemos dentro de nossa subjetividade – ao que parece acontecer no futebol.

Método integrado de ensino no futebol

A fim de compreendermos melhor essas duas ideias, observamos inicialmente que Garganta (2002), ao falar de futebol, colocou a sua visão do todo:

> O futebol ocupa um lugar importante no contexto desportivo contemporâneo, dado que, na sua expressão multitudinária, não é apenas um espetáculo desportivo, mas também um meio de educação física e desportiva e um campo de aplicação da ciência. No decurso da sua existência, esta modalidade tem sido ensinada, treinada e investigada, à luz de diferentes perspectivas, as quais deixam perceber concepções diversas a propósito do conteúdo do jogo e das características que o ensino e o treino devem assumir, na procura da eficácia.

Já ao citar sobre o ensino da modalidade referiu-se aos jogos didáticos colocados em espaços reduzidos:

> Quando na posse da bola, o jogador deverá ter um controle cinestésico sobre a execução do movimento, para poder utilizar a visão nas funções de leitura do jogo (jogar com a cabeça levantada). Esta é uma das muitas razões pelas quais se torna aconselhável que nas fases iniciais, quando o praticante tem dificuldade em controlar a bola, o jogo seja aprendido num espaço mais

> reduzido e com um menor número de jogadores (7 ou 5). Neste contexto teoricamente menos complexo, o principiante tem mais e melhor acesso à progressiva compreensão das linhas de força do jogo e bem assim a um melhor entendimento e cumprimento dos princípios e regras de gestão de jogo. (Garganta, 2002)

Parece-nos inquestionável a importância do Método integrado de ensino que, como vimos, ao longo de toda uma evolução das formas de treinar o futebol, mostra-se como a melhor forma de aproximar os treinos da realidade dos jogos, numa categoria integrada de treinamento. Porém, cabe-nos questionar algumas ideias, tendo como base a literatura, mais especificamente no que diz respeito à teoria da complexidade de Edgard Morin.

O intuito disso, porém, não é aprofundar uma discussão científica, mas somente reforçar aquilo que Garganta (2002) colocou anteriormente. No estudo do futebol, realmente existem posicionamentos investigativos à luz de diferentes outras perspectivas, não menos importantes que a nossa.

Morin (2000) coloca que a soma das partes não corresponde ao todo. Isso nos ficou claro neste estudo, inclusive, quando vimos que vários autores tentaram encontrar formas ideais para o treinamento e não conseguiram, uma vez que este era compartimentado, ou seja, dividido em partes para depois tentar juntar tudo no jogo. Acontece que, entre essas partes, existe algo que Morin classifica como "emergências", que entre tantas outras coisas que a formam também conta com uma grande característica do jogo: o inesperado! Ou seja, aquilo que não conseguimos aproximar em treino. Impossível é aproximar tudo o que existe em um jogo! Assim como impossível é estimar tudo o que um ser humano é capaz de fazer!

Assim, o método integrado de ensino também conta com tais emergências entre suas partes e, apesar de conter uma boa parte do todo, é também uma ideia fragmentada do treinamento, uma vez que nunca se vai conseguir treinar no ser humano tudo o que acontece na realidade do jogo. Na aplicação das partes específicas desse método – sobretudo nos jogos reduzidos –, o treino, como o próprio nome diz, acontece em espaços reduzidos, que já não compreendem a realidade do jogo (campo inteiro). Outro aspecto a ressaltar é que na maioria desses jogos são simulados mais os momentos de velocidade (anaeróbios), ou seja, as jogadas em espaço curto, rápidas. E o jogo tem, em boa parte de seu tempo, os espaços grandes e as movimentações aeróbias nestes espaços. Lembramos ainda que, num jogo como o futebol, as possibilidades de acontecimentos variados são milhões, no entanto se treinam apenas centenas de acontecimentos possíveis.

A verdade é que o novo brota a todo instante num esporte dos Jogos Desportivos Coletivos (JDC). Por exemplo, o zagueiro treina sempre defender sua área, porém, no jogo, tem possibilidades de fazer um gol contra! Ora, ele não treina fazer gol contra, mas faz! Ele nunca vai treinar fazer gol contra, mas poderá fazer! Ninguém treina o erro, somente o acerto, mas erra-se no jogo, e o erro gera o novo! Por mais que o método integrado de ensino treine situações de surpresa, jamais treinará tudo o que irá acontecer! Uma equipe, por exemplo, treina entre si, mas, na hora do jogo, joga com equipes diferentes. Por mais que conheça ou tenha estudado a outra equipe, esta tem os seus jogadores com características próprias, e os seus segredos que podem surpreender a qualquer momento! Assim, o método integrado de ensino se aproxima, sim, da realidade do jogo, mas nunca de sua real situação. Reúne, portanto, muitas informações do "todo", mas não é nunca o "todo". É a melhor forma de treinamento que surgiu tanto para a educação esportiva como para o treinamento de alto nível, mas não é a grande solução, nem ao menos a grande "verdade". É, portanto, fragmentado em bem menor escala que os métodos mais antigos de treinamento!

Quando falamos de crianças, pré-adolescentes e adolescentes, precisamos ter todo cuidado na forma com que entendemos os jogos. Acreditamos, assim, na importância de entendê-los na perspectiva educativa por nós proposta anteriormente, ou seja, gradual, respeitando preceitos de desenvolvimento humano e não disposto às simples preocupações com a melhora dos níveis de *performance* e desenvolvimento das aptidões esportivas apenas. Chamamos a atenção para isso porque compreendemos que não é essa a principal preocupação dos professores – pseudotécnicos de categorias menores que se mostram por demais preocupados com resultados imediatos e *performances* perfeitas, o que é impróprio a esses jovens. Precisamos, então, para a boa aplicação desse método, plenamente compreendido de forma educativa, primeiro entender o que seria o "todo" para cada uma dessas jovens fases em formação. O "todo", nesse caso, parece ser maior e muito mais complexo, pois estes ainda estão na busca de todo tipo de informação (geral) e da saúde plena, a serem adquiridos numa mente e num corpo em constantes modificações. Num "eu" que ainda não lhes pertence, em sentimentos que ainda não condizem com os sentimentos verdadeiros, pois não enxergam num "todo". Não estão em busca, muito menos estão no momento exato de se preocuparem somente ou mais em resolver problemas específicos do esporte – o que já é um "todo" muito mais complicado.

Tanto é que esse método, quando aplicado numa perspectiva de busca de melhora de resultados, não reúne o "todo" para o jovem como reúne para o adulto, e algumas simples perguntas nos geram grandes dúvidas:

A vida de um jovem deve se resumir somente a treinar futebol? Será que um jovem exposto ao treinamento de futebol e que nem sabe se realmente vai se profissionalizar lá na frente precisa deixar de lado tantos outros aspectos (muito mais importantes) de sua formação como homem (saudável e informado que se espera que seja), para dedicar tanto tempo a treinamentos muitas vezes inadequados, extremamente preocupados com aspectos táticos do jogo e de certa forma inconsequentemente ao treinamento de futebol? Que informações úteis para passar aos filhos e aos netos, ou para sua própria vida, carregará dessa privação? O que isso (especificamente o método integrado de ensino), quando entendido (mal compreendido) somente pelo aspecto de rendimento e *performance*, lhe trará de benefício orgânico futuro? A educação esportiva não visa à saúde do jovem ser humano num "todo"? Ora, esse método não merece por isso, então, ser pensado num todo e respeitar fases de aplicação e maturação dos alunos a ele dispostos? O que um treinamento, quando enxergado por um ponto de vista extremamente tecnicista, proporcionará de saúde nesse indivíduo em formação? Levando em conta que é aproximadamente aos 23 anos de idade, num processo natural do desenvolvimento, que temos o indivíduo com 100% de todas as suas capacidades (física, mental e técnica) e que nessa idade adulta se pensa muito melhor, para que forçá-lo aos aspectos táticos e ao treinamento físico tão jovem e fazê-lo pensar tão especificamente muito antes disso?

Não seria melhor esperar ter o homem mais bem formado num "todo" lá na frente, por volta dos 18 anos, para que, num estágio bem melhor de inteligência geral trabalhada, pudesse buscar esse tipo de resoluções específicas (aspectos táticos mais complexos e físicos mais intensos) de problemas de jogo, ou seja, parte pequena de todos seus problemas futuros, uma vez sendo bem preparado no aspecto geral antes disso? Por que não se preocupar mais com outros fatores de sua formação? Seria este, então, o modelo ideal de educar os jovens por meio do esporte, a especificidade? Queremos educar homens em longo prazo para resolver todos os seus problemas ou simplesmente preparar jovens para resolver alguns problemas imediatos? O que, então, uma massificação de treinamentos inadequados poderá lhes ajudar a descobrir e no que lhes ajudará a progredir? No esporte para jovens é mais importante a busca da vitória por meio do intenso treinamento de técnicas específicas, ou a busca da socialização, da descoberta do corpo, da descoberta do outro (em sua totalidade), do desenvolvimento de aspectos como a criatividade, o cognitivo, o acervo motor?

Concordamos, estudando cada exercício e sua condição de aplicabilidade a cada faixa etária que pré-adolescentes (11 e 12 anos) e adolescentes (13 a 17 anos) sejam expostos a esses jogos de forma gradual. Levamos, para isso, em consideração que esses jovens estão também em constantes mudanças do corpo (crescimento), e se descobrindo constantemente. Não se pode achar que esse método é a grande solução para todos os seus problemas na busca apenas da construção de um "jogador mais inteligente para o jogo".

Outros métodos têm sua total importância no pleno desenvolvimento do ser humano multifacetado que entendemos que venha a ser o nosso aluno. Adolescência é uma fase de conflitos e grandes descobertas. Aquele que sonha em ser jogador de futebol hoje pode muito bem querer ser médico amanhã e tem o direito de tentar sê-lo quando quiser. Quantas coisas referentes ao conhecimento são privadas do jovem em busca de se querer construir um jogador? Cobram-se "treinamentos viciados" e respostas de *performances* adultas a todo instante. Esses treinamentos – mal compreendidos referentes àquilo que entendemos como a educação por intermédio dos jogos educativos – são também aplicados em outra perspectiva para os jovens: intensamente, visando *performances*. Enquanto deveriam ser trabalhados em curtos espaços, em formas variadas de jogos (de acordo com cada fase de aplicação não estanque do método), para fazer o jovem pensar e se movimentar em amplo aspecto que não apenas aquele do gesto desportivo. Ao pensar, esse jovem estará dando oportunidades de se criarem novas sinapses em seu córtex cerebral e obterá respostas mais rápidas a dadas situações. Sem cobranças de resultados, aos poucos, irá se desenvolver com maior segurança. Irá adquirir os caminhos para respostas motoras mais rápidas em variados aspectos.

É evidente que o problema está no caráter sério que se emprega o treinamento aos jovens, querendo que estes respondam de forma mais rápida e precoce aos movimentos complexos do jogo. Os exercícios deveriam ser aplicados para que os jovens tentem fazer ou façam o melhor que sabem, do jeito que sabem, descobrindo, sem maiores cobranças, aos poucos, o seu corpo e todos os movimentos que ele é capaz de realizar e não apenas para o futebol. Fabricam-se, assim, sem respeitar esse processo, em um trabalho específico, mais e mais "robôs", que não podem errar, como se o adolescente fosse capaz de estabelecer o grau de pensamento adulto de responsabilidade absoluta. Mais uma vez, acelera-se todo um processo em prol de objetivos imediatistas.

Morin (2000) colocou que "quanto mais poderosa é a inteligência geral, maior é a sua faculdade de tratar de problemas especiais", também citou "o desenvolvimento das aptidões gerais da mente permite melhor desenvolvimento das competências particulares ou especializadas". Foi enfático quando colocou que "a educação deve promover a 'inteligência geral' apta a referir-se ao complexo, ao contexto, de modo multidimensional e dentro da concepção global".

Grande parte dos estudiosos que pensa hoje a Educação Física já como ultrapassada e credita suas ideias à motricidade humana, busca observações importantes dentro das mais diversas teorias. Acreditamos na importância dos "boleiros" no futebol, ao mesmo tempo em que acreditamos também que esses "especialistas" não deveriam trabalhar com crianças e pré-adolescentes, mas somente com jovens a partir dos 15 anos de idade e, mesmo assim, acompanhados de um profissional qualificado. Acreditamos na sua importância no contexto de colaborar com dicas significativas às ações de jogo e, por isso, acreditamos que o jovem a partir dos 15 anos de idade está mais apto a receber esse tipo de informações, apesar de ainda não necessitar somente disso (e por essa razão, a necessidade de acompanhamento de profissional qualificado ainda nessa idade, conjuntamente ao "boleiro"). Indiscutível, porém, a necessidade da ação dos "boleiros" a partir dos 17 anos de idade (alto nível).

Vivemos um momento de construção de ideias importantíssimas para o futuro profissional. A nossa geração que foi carinhosamente denominada de geração "Coca-Cola" e a chamada "geração-x" que aí estão, talvez não tenham condições hoje de buscar a informação como deveria ser e ter. Mas já se enxerga, a partir deste estudo, um futuro brilhante mais adiante e, com certeza, com os anos, teremos ainda mais nítida e esclarecedora essa prática educativa nas mãos de estudantes e profissionais com todas as suas raízes no novo século, conscientes de que saberão como, quando e onde atuar com segurança.

Voltando, porém, ao que diz respeito ao inesperado, podemos citar que há formas de aproximar o ensino e o treinamento às condições impostas por essa emergência. Precisamos, porém, estar atentos aos acontecimentos, pensar e criar, cientes de que quantas centenas de oportunidades aproximarmos, outras milhares de situações ainda existirão a acontecer e a nos pegar de surpresa, sempre.

Pensemos numa situação em que comumente treinamos durante o jogo coletivo de futebol. A bola sai pela lateral de jogo e um aluno vai buscá-la. Nesse momento, os jogadores da equipe em posse da bola tentam se desmarcar e se colocar nas melhores posições possíveis como forma de receber a bola quando esta voltar a jogo. O aluno que foi buscar a bola, por sua vez, quando volta e tenta bater o arremesso lateral, vê-se diante de seus jogadores já marcados. Essa é uma situação típica de jogo que deveremos treinar, sempre, mas, pensemos numa outra hipótese: a de usar esse momento para treinar o inesperado. Pensemos que, em vez de o aluno ir buscar a bola para bater o lateral, podem-se ter vinte bolas espalhadas por toda a volta do campo e que o professor ou um de seus auxiliares recoloque em jogo outra bola em outra área que não aquela por onde a bola saiu para o arremesso lateral. Essa situação faria com que todos fossem obrigados a se reorganizar e reagir a um acontecimento totalmente novo – fato característico e constante do jogo de futebol.

Pensemos em outra situação de aula, dessa vez, em um exercício analítico, ou seja, aquele que não corresponde à realidade fidedigna do que acontece em jogo – geralmente exercícios individuais, realizados em duplas, trios ou ainda realizados em filas. Exercícios cujas ações são mais mecânicas. Imaginemos quatro filas na altura do meio de campo, duas em cada lateral do campo, em que os alunos (todos em posse de uma bola) saem conduzindo uma bola e em determinado local chutam em direção ao gol. Geralmente, vemos o primeiro aluno da fila sair, chutar, pegar a bola (muitas vezes devolvida pelo próprio goleiro) e voltar ao último lugar da fila para novamente esperar sua vez. Pensemos numa situação, agora, em que, assim que esse aluno deixar a fila e chutar ao gol, o próximo aluno já saia e também chute, procurando, inclusive, desviar seu chute do obstáculo a ele imposto pelo aluno que partiu à sua frente. Essa forma de treinamento seria muito mais próxima à realidade do jogo que aquela mecânica comumente utilizada. Seria mais útil para quem chuta e para quem defende, uma vez que o goleiro seria também obrigado a defender diversos chutes seguidos e assim melhorar seu reflexo, capacidade de recuperação, velocidade etc. Ações como essa de desorganização do treinamento são capazes de colaborar para se aproximar da realidade daquilo que acontece em jogo.

Dessa forma, compreendemos que nos preparar para o inesperado é possível, mas exige observação e consciência de que sempre existirá a surpresa no jogo. Tanto na esfera educativa quanto na esfera do treinamento de alto nível, isso pode e deve ser trabalhado. Compreendemos que alunos trabalhados nessa perspectiva, desde a base, podem ser capazes de raciocinar e reagir melhor a determinadas situações no futuro, ou por terem vivenciado a situação, ou por obterem respostas imediatas até mesmo ao fato de terem vivenciado algo semelhante. Lembramos apenas que o jovem deve ser tratado com respeito, sem treinamentos intensivos e sem preocupação com resultados rápidos. O ser humano, máquina deslumbrante, é capaz de atingir níveis de raciocínio diversos e também inesperados a cada situação. Cabe a nós simplesmente compreendê-los melhor e tentar chegar mais próximo do seu possível em suas diversas fases de desenvolvimento, respeitando os aspectos e características, próprios de cada um.

Considerações finais

Preferimos encerrar este livro assim como o começamos, ou seja, com um relato pessoal, mas, desta vez, dos dois autores. Acreditamos que dessa forma ficará mais fácil para os leitores identificarem ainda melhor os seus autores na forma como eles pensam e agem.

Partiremos para isso de uma bela frase de autoria desconhecida que diz o seguinte:

O valor das coisas não está no tempo em que elas duram, mas na intensidade com que acontecem. Por isso existem momentos inesquecíveis, coisas inexplicáveis e pessoas incomparáveis.

Realmente, o valor das grandes emoções de uma vida não parece estar no exato tempo que duram, mas, sim, na intensidade com que acontecem e por isso se fazem perdurar. Eterno para nós parece tudo aquilo que dura uma pequena fração de segundo, mas com uma intensidade tão forte que se solidifica a ponto de não sair mais de nossa história. Tornamos inesquecível e sólida cada oportunidade que uma vida dedicada à educação esportiva nos proporcionou. Abrimos os olhos e principalmente as nossas cabeças para todas as coisas inexplicáveis que encontramos, procurando decifrá-las uma a uma. Só assim, compreendemos que tudo há de ter uma explicação, nem que demore. E compreendemos ainda mais que qualquer pessoa é única e incomparável, sendo ainda válido acreditar sempre no aprendizado, no sonho e, sobretudo na recuperação de um ser humano, por mais impossível que pareça.

E assim passou toda uma vida de significativas experiências aqui, agora, neste livro, resumidas.

Nascemos e crescemos numa época saudosa, período em que acompanhamos as rápidas mudanças do mundo. Éramos as crianças de um passado ainda recente, nos anos 1970 do século XX, quando de forma inocente o homem criou as categorias menores e aplicou o esporte do adulto à criança, sem ter maiores informações de como atuar de forma mais adequada. Vivenciamos também o período final da Revolução Industrial, quando do seu desemprego em massa nos anos 1980. Acompanhamos a passagem para o período da Revolução Ecológica, em que o homem buscava reaver todos os prejuízos que criou para o mundo e para ele próprio, já nos anos 1990. Mas crescemos, sobretudo com os exemplos de nossos inesquecíveis avós, que viveram numa época de glamour, num mundo relativamente simples, sem tanta violência, sem tanto estresse, e de extremas gentilezas, de profunda educação, respeito mútuo e sobretudo de palavra. As contas na quitanda eram anotadas em cadernetas e confiava-se nas pessoas acima de tudo. Tudo era tratado olho no olho e com palavra. Palavra dita era palavra feita. Nossos avós não eram mais nem menos humanos que nós, mas conseguiam viver melhor em grupo que as pessoas dos dias atuais e por isso eram capazes de nos dar divinos e adoráveis exemplos e conselhos. Crescemos, portanto rodeados de amor, talvez não imaginando que esse mundo encantado deixaria de existir quase de um dia para o outro, substituído por um mundo veloz de infindáveis informações. Graças a

Deus que descobrimos muito cedo, com nossos avós, que recomeçar faz parte da vida, sempre. Porque nenhuma geração mais que a nossa teve que recomeçar tantas vezes, devido às sucessivas mudanças. Nós que vimos a máquina de escrever ser substituída pelo computador, o telex ser aposentado pelo FAX, as exigências de cada vez ser melhor para o mercado de trabalho, porém, sujeitos á uma educação "*fast-food*", contamos os cursos e vivências que já não nos servem mais e muitas outras coisas que mal nos serviram e já foram rapidamente substituídas. Nós que acompanhamos muito bem o tempo do grande avanço da Ciência e que tínhamos em nossas escolinhas verdadeiros laboratórios em que pudemos testar todas as informações, não esquecendo aquelas difíceis de conseguir antes de existir a Internet. Como dizer que não somos parte integrante dessa história? Como negar toda uma trajetória de sucessivos recomeços e adaptações ao novo. O novo que a tantos sempre chocou e ainda choca, a nós, sempre desafiou e ainda desafia e por isso não ficamos no meio do caminho.

Como sábios do tempo, chamamos atenção para o fato que neste momento, precisamos recomeçar novamente e talvez o maior dos recomeços de uma vida como professor: para as vivências e necessidades do novo século. Precisamos nos dar a oportunidade de compreender que a Ciência, hoje, permite que conheçamos a criança em sua plenitude. Que precisamos atentar que hoje ela não é a mesma do passado, mas que precisa, porém, do mesmo amor, da mesma atenção, dos mesmos bons conselhos, do mesmo olho no olho e carinho que ganhamos de nossos avós, para compreender as diversas verdades da vida a ponto de ter essas verdades associadas e internalizadas em suas vidas. Precisamos juntar o passado e o presente em tudo que existiu de bom e cortar de vez as amarras de um período negro deste país e deste mundo para nos tornarmos os professores que essas crianças precisam: renovados, repletos de boas e novas informações quanto forem possíveis, sempre. Resgatados no gesto humano de se permitir recomeçar, e de permitir começar um novo mundo. Temos que criar condições a todo custo de buscar e disseminar o conhecimento necessário para essa mudança que transformará o mundo e será determinante para a vida de nossos filhos, netos, bisnetos, tataranetos etc...

Para isso, temos que começar a olhar cada aluno como algo muito maior que uma máquina capaz de render títulos, muitas vezes precoces. Sonhamos com um ensino do futebol que vai muito além do apenas preparar o homem como se fosse um cavalo para uma competição. Sonhamos com um ensino capaz de internalizar os mais diversos conhecimentos a partir desse esporte, que é o mais querido do planeta Terra. Para nós, esse esporte, que foi capaz de parar uma guerra, é o mesmo capaz de ser instrumento de transformação e educação do homem. Acreditamos que a escolinha de futebol é muito mais que apenas um lugar para se passar uma ou duas horas jogando. Talvez sejamos loucos, homens do século passado, balançados pelas ideias do novo século. Talvez não sejamos os únicos a sonhar com isso. Sonhamos mesmo é com o ensino do futebol movido pelo conhecimento, aplicado por um professor que apresenta conhecimento declarativo daquilo que utiliza. Temos para isso, porém, que entender quais conceitos conduziram os nossos saberes desde quando praticávamos um ensino baseado em conhecimentos do senso comum até o momento exato em que encontramos pensamentos mais reflexivos que nos levaram a encontrar ações mais adequadas e seguras para atuar na profissão.

Quando falamos então de educação de seres humanos, devemos compreender melhor quais os conceitos que cada um de nossos alunos recebem, assim como nós recebemos também, de várias fontes ao longo da vida, ou seja, temos que mais uma vez recomeçar e descobrir perguntando: no que eles acreditam?

Não somos os donos da verdade, nunca, e devemos até duvidar de nós mesmos, sempre. Nada mais, nada menos, somos que simples vendedores de ideias e necessitamos saber adotar cada vez mais as linguagens adequadas a nossos alunos para convencê-los a compreender a existência de novas e diversas ideias interessantes, para que possam realmente escolher a mais adequada a cada um. Não somos capazes de ensinar nada a ninguém, mas, sim, capazes de fazer despertar aquilo que nossos alunos têm adormecido dentro deles. Para isso, devemos ter um ótimo embasamento teórico daquilo que acreditamos e aplicamos, mas, sobretudo, devemos ter também MUITO CONHECIMENTO DAS SABEDORIAS (e dos mitos) DA VIDA PRÁTICA para compreender as principais necessidades desses alunos, o que muitas vezes ainda supera a extrema preocupação que o professor, geralmente, tem com os conteúdos e objetivos, pedagógicos a serem atingidos. Como se conteúdos e objetivos, muitas vezes predeterminados em alguns livros, fossem a realidade de todas as pessoas do mundo. Devemos, sobretudo, lembrar que até num mesmo bairro somos capazes de encontrar realidades diferentes, quanto mais num país ou no mundo inteiro.

Aprendemos assim, como parte integrante de toda essa história a ser simples e a servir ao ser humano desde muito cedo. Nossos avós se foram, mas deixaram em nós as sementes do humanismo, os grandes exemplos de como tratar todo e qualquer ser humano com muito amor e, no mínimo, com respeito. Se tivemos a oportunidade de acompanhar as mudanças do mundo regidos pelos bons exemplos e ainda a oportunidade de acompanhar o avanço da Ciência com tudo o que isso nos traz de bom. O que podemos dizer é que, se não disseminarmos tudo o que aprendemos de útil com nossos avós e sem eles, quais exemplos sobrarão para este mundo? Quais serão os caminhos que determinarão o fim?

Talvez um aspecto que muitas vezes nos falte para proporcionar uma boa educação por meio do esporte seja oferecer qualidade e excelência no atendimento a nossos alunos – tema esse primordial de se conhecer uma vez que lidamos com seres humanos e que nos leva a pensar que saber se relacionar bem, com todos, nesse caso é essencial.

Em síntese, trabalhamos toda uma vida com seres humanos e suas necessidades distintas. Trabalhamos em clubes de elite e também em comunidades carentes, e vimos nessas vivências diversificadas que o bem e o mal convivem nas duas realidades. Que a felicidade existe nas duas realidades, até porque seu conceito é subjetivo. Assim acumulamos muita história para contar. Perdemos alguns alunos que nos levaram às lágrimas, tanto quanto ganhamos sempre novos alunos com sorrisos e qualidades distintas, sempre. Neles, nossos alunos, a vida recomeça para nós, sempre, com esplendor. Nossos alunos vem e vão, somente nós vamos ficando velhos e mais sábios das coisas da vida.

Uma vez amadurecidos, quando temos oportunidade de ver garotos pobres surgirem com a velocidade de um raio para o futebol a ponto de brilharem pelo mundo, compreendemos melhor que ninguém a necessidade de acreditar que qualquer garoto – talento "pés descaços no chão" tem sim a possibilidade de ser um MILIONÁRIO do futebol amanhã. Que a bicicleta enferrujada e torta que leva esses garotos com grandes dificuldades na vida para a escolinha hoje, pode, sim, amanhã ser substituída por um carro "lunático" nas estradas da Europa, levando então um craque idolatrado por todo o mundo para um treino num grande clube europeu. Que alimentemos os sonhos, sempre e formemos então homens mais completos para o mundo e para a vida naquilo que ela possa, intensamente ou não, oferecer a eles. O destino de cada um desses garotos não nos pertence, mas, sim, ao seu talento, à sorte, a Deus. Não somos ninguém para julgar ou pré-julgar talentos na infância, mas somos as verdadeiras e maiores autoridades em ensinar a todos bem e com respeito às suas particularidades, pois o maior "perna de pau da escolinha", hoje, pode ser um grande craque do futuro e nos surpreender, ainda com a premissa de que se não for um craque no esporte, poderá ser um verdadeiro ícone em qualquer outra coisa que faça na vida, levando com ele os conhecimentos do Esporte! E isso também depende de nós, EDUCADORES DO ESPORTE. Oportunizando que possam, nossos alunos, levar consigo os bons exemplos que o esporte e, em particular o trabalho do professor de Educação Física, são capazes de internalizar nos seus conceitos de mundo e vida.

Desejamos a todo profissional de Educação Física pelo menos um terço da FELICIDADE que temos hoje com este estudo disseminado pelos principais congressos nacionais e internacionais; com os honrosos convites, prêmios e condecorações que temos intensamente recebido em reconhecimento ao nosso significativo trabalho; e, agora, com a edição desta obra que, com certeza, irá colaborar em muito para a melhora da prática docente. Consequências da vida, fatos que nos enchem de alegria e apenas nos incentivam a continuar, sempre... e RECOMEÇAR. Fatos que não mudam exatamente nada na nossa forma simples de ser e agir.

Tudo nesta vida tem um início, um meio e um fim. Não sabemos dizer exatamente onde estamos agora nessa longa caminhada, mas a verdade é que não começamos nada, nunca, para parar no meio. Sigamos em frente, professores, rumo ao final feliz, vendendo sempre as melhores ideias! Nos encontramos por aí...

O homem de hoje deve estar "plugado" ao conhecimento científico para gerar as ações que se esperam para as grandes realizações do século XXI.

Referências

Barbanti, V. J. **Treinamento físico:** bases científicas. 2. ed. São Paulo: CLR Balieiro, 1988. p. 62.

Beim, G. **Principles of modern soccer**. Boston: Houghton Mifflin and Company, 1977. p. 30.

Betti, M. Educação física, esporte e cidadania. **Revista Brasileira de Ciências do Esporte**, Campinas, v. 20, n. 2 e 3, abr./set. 1999.

Boff, L. Apresentação à edição brasileira. In: FERREIRA, R. L. **Futsal e a iniciação**. Rio de Janeiro: Sprint, 1994.

Böhme, M. T. S. O treinamento a longo prazo e o processo de detecção, seleção e promoção de talentos esportivos. **Revista Brasileira de Ciências do Esporte**, v. 21, n. 2 e 3, jan./maio 2000.

Bunker, D.; Thorpe, R. A model for the teaching of games in secondary schools. **The Bulletin of Physical Education**, v. 18, p. 5-16, 1982.

COLL, C. **Psicologia e currículo:** uma aproximação psicopedagógica à elaboração do currículo escolar. São Paulo: Ática, 1997. p. 42.

CUNHA, M. S. V. **Educação Física ou Ciência da motricidade humana?** Campinas: Papirus, 1989.

EKBLOM, B. **Football (Soccer)**. Oxford: Blackwell Scientific Publications, 1994.

FARIA, A. C.; CUNHA, I.; FELIPE, Y. X. **Manual prático para elaboração de monografias (trabalhos de conclusão de curso, dissertações e teses)**. São Paulo: USJT, 2005.

FERREIRA, A. P. Ensinar os jovens a jogar... A melhor solução para a aprendizagem da técnica e da táctica. **Revista Treino Desportivo**: CEFD, 3. série, n. 20, p. 35 /41, out. 2002.

FERREIRA, J.; QUEIRÓS, C. Futebol - Da formação à alta competição. **Ludens**, v. 6, n. 3, p. 20, abr./jun. 1982.

FEYNMAN, R. P. **Física em seis lições**. Rio de Janeiro: Ediouro, 1999. p. 112-13.

FIEDLER-FERRARA, N.; PRADO, C. P. C. **Caos**: uma introdução. São Paulo: Edgard Blücher, 1995.

GALLAHUE, D. L.; OZMUN, J. C. **Compreendendo o desenvolvimento motor**: bebês, crianças, adolescentes e adultos. São Paulo: Phorte, 2001.

GARDNER, H. **Estruturas da mente**: A Teoria das Inteligências Múltiplas. Porto Alegre: Artes Médicas Sul, 1994.

GARGANTA, J. Competências no ensino e treino de jovens futebolistas. **Revista Digital Educación Fisica e Deportes,** Buenos Aires, v. 8, n. 45, 2002. Disponível em: <www.efdeportes.com/efd45/deslize.htm>.

GOMES, A. C.; MACHADO, J. A. **Futsal metodologia e planejamento na infância e adolescência.** Londrina: Editora Midiograf, 2001. p. 19, 25-7, 31.

HOFFMAN, S. J.; HARRIS, J. C. **Cinesiologia o estudo da atividade física.** Tradução: Vagner Raso. Porto Alegre: Artmed, 2002. p. 412.

KNVB Holland. **The Royal Dutch Soccer Federation** – The Dutch vision on youth soccer. Zeist, jan. 1995. p. 8a, 14, 20, 22.

KONZAG, I. A formação técnico – Tática nos jogos desportivos colectivos. **Revista Treino Desportivo**, n. 19, mar. 1991.

LELLO & IRMÃO. **Dicionário prático ilustrado**. Artes Gráficas: Porto, 1963. p. 439, 440, 1242.

LIBÂNEO, J. C. **Didática**. São Paulo: Cortez, 1994. p 22-3.

LINS RODRIGUES, A. C.; SERTÓRIO, M. S.; FREITAS, M. L. Intervenções docentes na autonomia curricular: a construção coletiva do referencial curricular de Educação Física do município de Cubatão. In: SEMINÁRIO DE EDUCAÇÃO FÍSICA ESCOLAR, 2., 2008, São Paulo. **Anais**... São Paulo: 2008.

LOPES, A. A. S. M. **Futsal metodologia e didática na aprendizagem**. São Paulo: Phorte, 2004. p. 70.

_____. Evolução do treinamento no futebol, do modelo compartimentado ao processo integrado: uma abordagem à luz da Teoria da Complexidade. In: SIMPÓSIO MULTIDISCIPLINAR, 11., 2005, São Paulo. **Anais ...** São Paulo: USJT, Centro de Pesquisa, 23/30 set. 2005.

_____. **A criança e o adolescente no esporte**. São Paulo: Phorte, 2007. p 85-6.

LORENZ, K. **Três ensaios sobre o comportamento animal e humano**. Lisboa: Arcádia,1975.

LUCKESI, C. C. **Filosofia da Educação**. São Paulo: Cortez, 1993. p. 94-6, 135.

MARTIN, D. **Training im kindes – und jugendalter**. Schorndorf: Hofmann-Verlag, 1988.

MEDINA, J. P. S. **A educação física cuida do corpo... e "mente"**. 9. ed. Campinas: Papirus, 1990. p. 19.

MOREIRA, W. W. (Org.). **Educação Física & Esportes**: perspectivas para o século XXI. 11. ed. Papirus: Campinas, 2003. p. 141-55.

MORIN, Edgard. **Os sete saberes necessários à educação do futuro**. 9. ed. São Paulo: Cortez, 2004. p. 38-9.

MTE – Ministério do Trabalho e Emprego. **Classificação Brasileira de Ocupações**. Disponível em: <http://www.mtecbo.gov.br/busca/descricao. asp?codigo=2241-35>. Acesso em: 25 jul. 2008.

PELLEGRINI, L. Passo para o bem-estar: brincar é fundamental. **Revista Planeta**. v. 370, n. 7, p. 44-7, jul. 2003.

PERRENOUD, P. **Dez novas competências para ensinar**. Porto Alegre: Artes Médicas Sul, 2000. p. 23.

PROENÇA, J. **Metodologia do treino desportivo. Ludens**, v. 6, n. 3, p. 10, abr./jun. 1982.

RAMOS, S. Treino integrado necessidade ou redundância. **Revista Treino Desportivo** Especial, 3ª série, CEFD, ano I, p. 49-54, out. 1998.

RIUS, J. S. **Futebol:** exercícios e jogos. Porto Alegre: Artmed, 2003. p. 112-3, 245, 250 e 253.

SANS TORRELES, A.; FRATAROLLA ALCARAZ, C. **Escolas de futebol:** manual para organização e treinamento. Porto Alegre: Artmed, 2003. p. 37, 100, 102.

SILVA, M. Teoria de Treino. **Revista Treino Desportivo**, n. 2, p. 51, ago. 1985.

SILVA, S. A. P. S. **Consciência Profissional de Professores de Educação Física da Secretaria Municipal de Esportes Lazer e Recreação de São Paulo**. 1991. p. 37, 39, 43-2. Dissertação (Mestrado em Supervisão e Currículo)–PUC, São Paulo, 1991.

_____. **Liberdade e autonomia como valores norteadores de programas para o desenvolvimento da motricidade humana**. Integração: ensino, pesquisa, extensão, ano I, n. 1, São Paulo: Centro de Pesquisa da Universidade São Judas Tadeu, 2005. p. 142-3.

Sousa, T. Contributo para o estudo sociológico do treino desportivo. **Ludens**, v. 6, n. 3, p. 21, abr./jun. 1982.

Souto, S. M. **Os três tempos do jogo** – anonimato, fama e ostracismo no futebol brasileiro. Rio de Janeiro: Graphia, 2000. p. 19-20.

Tani, G. et al. **Educação Física escolar**: fundamentos para uma abordagem desenvolvimentista. São Paulo: EPU – EDUSP, 1988. p. 72-86.

Anexo

Aspectos observados nas sessões de aula

Data: _____   Categoria: _____

Professor: _____

Duração da aula: _____

Manifestação de treinamento integrado

	Sessão de aula		
	Aquecimento	Aula propria-mente dita	Parte final da aula
Manifestações de formas jogadas			
Jogos de estafetas			
Jogos de lançamento			
Jogos de remates de precisão			
Jogos de passes limitados temporalmente			
Jogos de passes pontuados por número de ações conseguidas			

Continua

Continuação

	Sessão de aula		
	Aquecimento	Aula propria-mente dita	Parte final da aula
Manifestações de jogos reduzidos			
Jogos em espaços reduzidos com igualdade numérica de jogadores			
Jogos em espaços reduzidos com superio-ridade numérica de ataque			
Jogos em espaços reduzidos com superio-ridade numérica de defesa			
Manifestações de jogos modificados			
Jogos em espaços reduzidos para desen-volvimento tático			
Jogos para desenvolvimento tático em espaço normal de campo de jogo			
Manifestações de outras formas de treinamento			
Modelo global/primórdios do treinamento "jogo pelo jogo"			
Modelo analítico/exercícios analíticos			
Modelo compartimento, hoje com ênfase em:			

Treinamento físico ☐ Treinamento técnico ☐ Treinamento tático ☐

Método integrado de ensino no futebol

Este CD-ROM trata especificamente sobre o Método Integrado de Ensino, não somente explicando-o. Preocupa-se, principalmente, em demonstrar como se utilizar o referido método com segurança, por intermédio de alguns exemplos práticos dos Jogos e de suas três fases específicas de aplicação – respaldadas por Preceitos de Desenvolvimento Humanos que regem o Esporte. Todos os Jogos aparecem animados por computação gráfica para a modalidade Futebol.

Este CD-ROM conta também com atalho para acesso ao site do professor mestre Alexandre Apolo, bem como com os bônus de Atividades Recreativas e das apresentações em PowerPoint que o professor faz durante os principais congressos nacionais e internacionais em que, com sucesso, ministra seus cursos para universitários – estudantes de Educação Física –, professores, técnicos e treinadores de todo o Brasil e do exterior.

Trata-se de um produto organizado com carinho, capaz de contribuir significativamente para o conhecimento dos profissionais citados e para a consequente melhora da prática docente.

Sobre o Livro
Formato: 17 x 24 cm
Mancha: 11,5 x 19,3 cm
Tipologia: ITC Garamond, URW Palladio ITU
Papel: Offset 75g
nº de páginas: 288 páginas
1ª edição brasileira: 2009

Equipe de Realização
Edição de Texto
Talita Gnidarchichi (Assistente editorial)
Ana Paula (Preparação do original e copidesque)
Fernanda Fonseca (Revisão)

Editoração Eletrônica
Renata Tavares (Capa, projeto gráfico e diagramação)
Ricardo Howards (Ilustrações e capa)

Impressão
Prol Editora Gráfica